고전에서 길을 찾다

-마음공부 26장

고전에서 길을 찾다

— 마음공부 26장

김희곤

역락

시작하기에 앞서

『논어(論語)』「이인(里仁)」편에서 공자께서는 이렇게 말씀하셨다.

> "어떤 지위가 없는 것을 걱정하지 말고, 내가 그것을 감당할 능력이 있는지 없는지를 걱정해라. 내가 알지 못함을 걱정하지 말고, 내가 알 수 있도록 배워라(不患無位, 患所以立. 不患莫己知, 求爲可知也)."

고전을 읽는다는 것은 단순히 옛글을 해독하는 일이 아니다. 그것은 문자와 음성, 그리고 의미의 결을 헤집어 들어가 언어 속에 숨은 세계관과 사유 체계를 복원하는 일이다. 우리가 고전을 다시 읽는 이유는 거기서 잊힌 인간의 얼굴, 시대를 초월한 사유의 숨결을 되살리기 위함이다.

필자는 고(故) 정요일(鄭堯一) 서강대학교 명예교수에게서 『논어』를 처음 배우고, 이어 남고(南臯) 노홍두(盧弘斗) 선생님, 성균관대학교 허종은, 함현찬 박사님, 그리고 한송(寒松) 성백효(成百曉) 선생님 문하에서 호산(壺山) 박문호(朴文鎬, 1846~1918)의 『논어집주상설(論語集註詳說)』을 배웠다. 최근에도 후외(後外) 김영환(金榮煥) 명예 교수에게서 매주 『논어』를 배우고 있다. 『논어』 관련 책만도 국내외 수십 종을 읽었으나, 그 의미는 여전히 깊어서 나는 아직 입문 단계에 머물러 있을 뿐이다. 그 미완의 공부 끝에서 2022년 졸저 『논어간해(論語簡解)』를 세상에 내놓았으나, 지금도 여전히 '배움의 길은 스스로에게 묻는 일'임을 깨닫는다.

동아시아 지성사의 중심에는 언제나 『논어』

가 있었다. 공자의 언행을 제자들이 기록한 이 책은 2천 년 넘게 제왕의 교과서이자 선비의 수양서로 기능해 왔다. 그러나 20세기 이후 급격한 사회 변동 속에서 『논어』는 더 이상 일방적 권위를 지닌 경전으로만 읽히지 않는다. 대만의 전목(錢穆, 1895~1990)은 훈고학과 역사학의 방법으로 공자의 본뜻을 복원하려 했고, 중국의 이택후(李澤厚, 1930~2021)는 서양 철학과 마르크스주의를 접목하여 『논어』를 현대적으로 재해석했다. 이들의 시도는 "고전을 어떻게 읽어야 하는가?"라는 질문에 각기 다른 길로 답한 사례다. 주희(朱熹, 1130~1200)는 『논어』를 성리학의 철학 체계 속에서 우주와 인간의 본질을 탐구하는 철학서로 격상시켰다. 전목은 그 체계를 존중하면서도 역사적 맥락 속에서 공자의 '살아 있는 목소리'를 찾고자 했다. 이택후는 전통을 비판적으로 재구성하며, 『논어』의 인간적 지혜를 현대 문명 속으로 옮겨 놓으려 했다.

세 학자의 길은 다르지만, 그들은 모두 '고전은 해석될 때마다 새롭게 태어난다.'는 진리를 보여준다. 필자 역시 그들처럼 『논어』를 단 한 번의 독서로 완결된 경전이 아니라, 매 순간 다시 살아 움직이는 사유의 현장으로 읽고자 한다. 『논어』는 성현의 언어를 빌려 우리 자신의 내면과 시대를 비추는 거울이다.

그 속의 문장 하나하나는 오늘의 삶 속에서 다시 질문되어야 한다. '나는 지금 무엇을 배우며, 어떻게 그 배움을 삶으로 익히고 있는가?' 이 책이 단순한 고전의 해설서가 아니라, 독자들이 공자의 말씀을 자기 삶 속에서 다시 '살아 있는 언어'로 만나게 하는 작은 계기가 되기를 바란다.

이 책은 2025년 8월 6일부터 「주간 한국문학신문」에 연재한 글 일부를 보충한 것이다. 부족한 글을 지면에 실어주신 발행인 임수홍 이사장님께 이 자리를 빌려 깊이 감사드린다. 『논어』를 함께 읽어 온 한호현 박사님을 비롯한 여러 선생님들, 그리고 이 시대를 함께 살아가는 독자 여러분께도 진심으로 고마움을 전한다.

특히 한국행정학회 행정사연구회(行政史研究會)에서 15년간 나를 이끌어주시다가, 2025년 5월 22일 세미나 도중 갑작스레 타계하신 정이(精而) 이대희(李大熙) 교수님 영전에 이 책을 삼가 바친다. 학문을 논하시다 가신 선생님의 그 마지막 모습이, 평생 학자로 사신 선생님의 삶 그 자체였다.

2025년 12월, 논현동 함윤재(涵潤齋)에서

희곤 삼가 쓰다.

추천의 글 1

고전을 낯설게 하는 해석

함재봉(한국학술연구원 원장)

고전 해석의 묘미는 낯설게 하는 데 있다. 고전은 시대와 문화를 초월하는 혜안과 지침을 담고 있다. 고전은 오랜 세월 전해 내려오면서 수많은 사람이 읽고 해석해 온 것이기 때문에 새로울 필요가 없다. 특히 『논어』와 같이 2천 년 넘게 동양 문명 최고 경전의 자리를 지켜 온 책이라면 더욱 그렇다. 그렇다면 그렇게 오래된 고전의 해설서를 굳이 왜 또 내는가? 그것은 고전을 시대와 문화에 맞게 새롭게 볼 수 있도록 하기 위해서다. 고전 해석의 핵심은 오래된 것, 익숙한 것을 새롭게, 낯설게, 새삼스럽게 하는 데 있다.

『고전에서 길을 찾다』는 다양한 각도에서 공자와 『논어』를 재조명함으로써 우리 시대에, 우리 감각에 맞는 해석을 하고 있다. 책의 백미인 공자의 전기(제1장, 제5장), 특히 제5장은 공자의 일대기를 자서전 형식으로 간결하면서도 현대적으로 서술함으로써 공자라는 한 인간의 모습이 그 어디에서보다 진하게 드러난다. 공자의 애제자 3명 간에 일목요연한 비교를 통해서 공자의 교육 철학을 엿볼 수 있는 것은 물론 안회, 자로, 자공의 인간성과 개성 역시 새삼 엿볼 수 있다.

인(仁), 온고이지신(溫故而知新), 사(師), 효(孝) 등 공자의 핵심 사상에 대한 새로운 해설과 해석은 물론 친구, 스승, 죽음에 대한 공자의 생각, 일본에 전해진 유학은 왜 군국주의로 변질될 수밖에 없었는지에 대한 설명, 중국과 대만 간의 '한자 전쟁(繁

簡之爭)'의 내막이 무엇이었고 AI 시대에는 이 '전쟁'이 어떻게 전개될 것인지에 대한 진단, 오늘날 한국에서 한자가 어떤 의미를 갖는지, 왜 필요한지, SNS 시대에 『논어』가 무슨 의미를 갖는지, 공자와 유교의 여성관은 무엇인지 등 실로 다양한 각도에서 공자와 『논어』, 그리고 한국의 유교 문명을 '산책'함으로써 동양 최고의 성인과 고전에 대해 낯설게 하기, 새삼스럽게 만들기에 성공한다. 『고전에서 길을 찾다』는 그런 의미에서 진정한 고전 해설서다.

추천의 글 2

고전이 우리에게 건네는 살아있는 물음

한호현 공학 박사(한국어인공지능학회 회장)

김희곤 훈장의 『고전에서 길을 찾다』는 단순한 고전 해설서가 아니다. 이 책은 2,500년 전 공자의 말씀이 디지털 시대에 살아가는 오늘날 우리에게 어떤 의미로 다가오는지를 진지하게 묻는 사유의 여정이다. 또한, 그의 삶의 궤적을 읽을 수 있는 텍스트이기도 하다.

저자는 행정학 박사이자 문인으로서 독특한 이력을 지녔다. 공직에서 퇴직 이후 대학에서 행정학을 강의하면서도 청계서당과 성균관 한림원에서 사서오경을 익혔고, 한송 성백효, 정요일, 최권홍 등 당대의 석학들로부터 『논어』, 『대학』, 『중용』, 『자치통감』을 직접 사사했다.

이러한 배경은 이 책을 통해서 서구 학문과 동양 고전, 그리고 현대의 디지털이 만나는 독특한 지적 긴장감을 부여한다. 또한, 그 폭과 깊이는 기계화된 디지털, 인공지능 시대에 드러나는 삶의 문제를 과감하게 포획함으로써 2,500년 전 공자의 철학을 현대에 접목하는 징검다리 역할을 하기에 충분하다.

특히 주목할 점은 저자가 『논어』를 권력과 통치의 텍스트로 읽어내는 방식이다. "원칙을 희생한 권력은 과연 성공일까?"라는 장에서 양호와 공자의 대화를 현실주의와 이상주의의 충돌로 분석하고, "공자-인(仁)의 정치와 인간 회복의 메시지"에서는 정명론과 덕치의 현대적 의미를 탐구한다.

‖ 차례 ‖

시작하기에 앞서 5

추천의 글 1 _ 함재봉(한국학술연구원 원장) 10

추천의 글 2 _ 한호현(한국어인공지능학회 회장) 13

제1장 사람 공자, 시대를 넘어 묻다 19

제2장 가장 오래된 오늘, 『논어(論語)』를 읽는 시간 29

제3장 배움은 왜 기쁜가? - 『논어』 첫 문장의 깊은 뜻 41

제4장 『논어』 첫 문장과 마지막 문장, 그 사이를 걷는 길 53

제5장 중니(공자) 자서전 65

제6장 공자는 자신을 스스로 어떤 사람이라 여겼을까? 77

제7장 공자의 3대 제자 안회(顏回), 자로(子路), 자공(子貢) 89

제8장 유학의 왜곡과 일본 군국주의의 싹 101

제9장 동양고전 독서법 113

제10장 유교(儒教)는 종교인가? 125

제11장 한글과 한자의 공존, 문식력 회복의 열쇠 137

제12장 한자 전쟁(繁簡之爭) 149

제13장 학문의 경계에서
- 행정학(行政學)과 한문학(漢文學)의 만남 161

제14장 동양 고전에서의 죽음 이해 173

제15장 공자
- 인(仁)의 정치와 인간 회복의 메시지 185

제16장 온고이지신(溫故而知新) 197

제17장 고전에 나오는 친구의 유형 209

제18장 스승(師)이란 누구인가? 221

제19장 원칙을 희생한 권력은 과연 성공일까? 233

제20장 SNS 시대, '마음을 되찾는 공부' 245

제21장 계급 속의 효(孝),
인간의 도리와 사회의 질서 257

제22장 문인상경(文人相輕) 269

제23장 도덕의 이름으로 자행되는 새로운 억압 281

제24장 불회지교(不誨之敎)
- 가르치지 않음으로 가르치다 293

제25장 공경과 불복종 사이,
갈등을 다루는 수양의 기술 305

제26장 성(性)과 습(習), 사람을 만드는 힘 319

Epilogue(에필로그) 334

참고문헌 348

제1장

사람 공자,
시대를 넘어 묻다

공자(孔子). 누구나 한 번쯤은 들어봤을 이름이다. 그러나 우리는 정작 그를 얼마나 알고 있을까? 교과서 속에서 '유교의 창시자', 혹은 '성인'이라는 말로 접했던 그는, 과연 어떤 사람이었을까? 세월이 흘러도 여전히 그의 이름은 입에 오르내리고, 그의 말은 시험 문제로 출제된다. 하지만 고전을 펼쳐 그 문장을 실제로 읽어보려는 이는 드물다. 그가 우리에게 남긴 『논어』는, 단지 옛말 모음집이 아니라 한 인간이 자신의 삶을 통해 세상을 이해하려 했던 고뇌의 기록이다. 우리는 공자를 다시 읽어야 한다. 그리고 그를 신이 아닌, 사람으로 보아야 한다.

공자(孔子)의 성은 공(孔)이 아니다. 『통시』「씨

족략삼(氏族略三)」에 의하면 '공씨자성(孔氏子姓)'이다. 송민공(宋閔公)의 후예이다. "민공은 불부하(弗父何)를 낳았으며...삼세는 정고부(正考父)를 낳았다. 고부는 공부가(孔父嘉)를 낳았는데 대사마에 올랐다...가(嘉)의 자(字)는 공부(孔父)여서, 후세는 자를 따라 공씨(孔氏)라고도 하고, 공부씨(孔父氏)라고도 했다. 공부의 육세에 중니(仲尼, 즉 공자)를 낳았다."라고 기록되어 있다.

즉, 공자는 자(子) 성씨의 '공(孔)' 씨족에 속한 인물이다. 이는 고대 중국에서 성과 씨가 구분되던 시절의 명칭 체계로, 성은 변하지 않는 혈통을 의미하고 씨는 집안이나 가문의 분파를 나타낸다. 고대 중국 사회에서는 성(姓)과 씨(氏)가 서로 다른 의미와 기능을 가지며 공존했다. 주나라 이전의 초기 사회에서는 모계 중심의 혈통 체계가 지배적이었는데, 이때 여성만이 성(姓)을 가질 수 있는 권리를 보유했다. 그의 이름은 구(丘), 자는 중니(仲尼)다. 아버지 숙량흘(叔梁紇)은 무인 출신으로 무예가 뛰어났지만, 늦은 나이에 어린 안징재(顔徵在)와의 사이에서 공자를 낳았다. 정식 혼례 없이 이루어진 결합, '야합(野合)'으로 불렸던 그의 출신은 곧 사회적 차별과 배제로 이어졌다. 게다가 공자가 세 살 되던 해 아버지는 세상을 떠났고, 열일곱 살에 어머니마저 여의며 그는 일찍 고아가 되었다. 그의 가정은 불완전했고, 출신은 불투명했으며, 생계는 늘 위태로웠다.

이런 환경 속에서 공자가 택한 길은 '배움'이었다. 젊은 시절 그는 창고지기, 목동 등 하찮게 여겨지던 일을 도맡았다. 『논어』「자한」편에서 "나는 젊었을 때 미천하였기에 그러므로 하찮은 일에 능하다(吾少也賤, 故多能鄙事)."라고 고백하는 장면은, 그의 학문이 고상한 이론이 아니라 현실을 꿰뚫는 실천이었음을 보여준다. 그는 일터에서, 시장에서, 제례와 정치 현장에서 세상을 배웠다. 그리고 그 속에서 사람을 이해하는 법을 익혔다.

그가 관직에 오른 것은 쉰 살 무렵의 일이다. 노나라의 중도재(中都宰)로 시작해 대사구(大司寇)까지 지낸 그는, 정의롭고 유능한 행정가로 명성이 높았다. 그러나 현실의 정치는 그의 이상과 달랐다. 공자는 부패한 권력과 맞섰고, 결국 그는 벼슬을 버리고 길 위의 학자가 된다. 14년 동안 그는 제자들과 함께 각국을 유랑하며 군주에게 조언하고, 때론 거절당하고, 조롱받기도 했다. 험한 길이었지만, 그 유랑은 단순한 떠돎이 아니었다. 그것은 인간 세상의 참모습을 온몸으로 겪어내는 순례였다.

그 여정 중 유명한 일화가 있다. 제자 자로와 함께 길을 가다 장저(長沮)와 걸닉(桀溺)이라는 노인을 만난다. 자로가 길을 묻자, 노인들은 되려 공자의 이름을 들먹이며 묻는다. "노나라의 공구(孔丘)가 아닌가, 그런 사람이 나루터쯤은 모르겠는가?" 그들은 세상의 흐름을 바꾸려는 시도를 헛된 것으로 여겼고, 공자의 노력이 현실 감각 없는 이상주의로 보였다. 그러나 이 일화는 공자의 한계를 보여주는 동시에, 그가 현실과 얼마나 진지하게 맞서 싸웠는지를 드러낸다.

이후 공자는 노나라로 돌아와 제자들과 함께 사상을 정리하고 교육에 전념한다. 그는 자신이 겪은 세상살이, 사람들과의 갈등과 화해, 실패와 성찰을 통해 철학을 정제해 나갔다. 그는 스승이었지만, 동시에 끝없는 학습자였다. 『논어』「헌문」편에서 그는 말한다. "하늘을 원망하지 않고, 사람을 탓하지 않으며, 아래에서 배우고 위로 통달하노라, 나를 아는 이는 하늘이리라(不怨天, 不尤人, 下學

而上達, 知我者其天乎).”

공자의 철학은 도덕적 완벽함을 강요하는 것이 아니었다. 그는 삶의 모순을 인정했고, 그 속에서 중심을 잡고자 했다. 배우는 것, 그것이야말로 인간을 인간답게 만드는 길이라 믿었다. “배우고 수시로 익히면, 또한 기쁘지 않겠는가(學而時習之, 不亦說乎)?” 이 말은 단지 지식의 기쁨이 아니라, 배움이 고통을 견디게 하는 내면의 힘임을 말한다. 그에게 공부는 시험을 위한 준비가 아니라, 삶을 위한 실천이었다.

현대에 들어 공자는 오해와 비판의 대상이 되기도 했다. 중국의 5·4 운동 때는 “공가점(孔家店)을 타도하라.”는 구호가 등장했고, 한국에서도 “공자가 죽어야 나라가 산다.”는 도발적인 책이 화제가 된 바 있다. 가부장적 질서의 정당화, 여성 혐오로 비칠 수 있는 표현, 효(孝) 중심의 제사 문화 등은 현대적 감각과 충돌하기도 한다. 그러나 이러한 이미지들은 대개 공자 본인의 철학이라기보다는, 후대 성리학자들이 만들어낸 틀에서 비롯되었다.

공자 자신은 차별 없는 교육을 강조했다. "사람에게는 가르침에 차별이 없다(有教無類)."는 말은, 오늘날에도 여전히 울림이 크다. 그는 여성에 대해 함부로 말한 적이 없으며, 제자 안회(顏回), 자로(子路), 증자(曾子) 등을 통해 인의(仁義)를 실천하는 법을 강조했다. 공자는 특정 계층의 도덕교사가 아니라, 모두에게 열린 스승이었다. 그가 강조한 '효(孝)', '우애(悌)', '충(忠)', '신(信)' 같은 덕목은 과거의 유물이 아니다. 그것은 인간 사회가 공동체를 이루는 데 필요한 최소한의 규범이다. 경쟁과 불신이 만연한 오늘날, 공자의 가르침은 다시금 삶의 기준이 될 수 있다. 단지 과거로 돌아가자는 게 아니다. 오히려 그가 말한 인간다움의 길, 즉 '배움과 성찰, 실천을 통한 성숙'이라는 태도는 우리가 지금 처한 혼란을 극복하는 단서가 될 수 있다.

우리는 물어야 한다. 공자가 우리에게 진정 가르치고자 한 것이 무엇이었는지? 그가 완벽했기에 위대한 것이 아니라, 끝없이 배우고 고민했던 사람이었기에 위대한 것임을 잊지 말아야 한다. 그의 삶은 단순한 성공담이 아니라, 실패를 껴안은 인간의 이야기였다. 그리고 그 흔들리는 발걸음 끝에 남겨진 『논어』는, 우리가 모두 한 번쯤은 되새겨야 할 인간의 교과서다. 공자, 그는 신이 아니었다. 그래서 그는 위대하다. 그리고 우리가 다시 고전을 읽어야 하는 이유는, 바로 그 위대함 속에서 오늘의 길을 묻기 위함이다. 시대를 넘어 묻는 그의 물음에, 우리도 답해야 하지 않을까?

제2장

가장 오래된 오늘, 『논어(論語)』를 읽는 시간

2,500년 전 춘추전국의 격변기에 공자는 세상을 향해 물었다. '사람답게 산다는 것은 무엇인가?' 이 질문에 삶을 건 사람의 사상과 대화가 담긴 책이 바로 『논어』이다. 공자와 제자들의 대화를 모은 이 고전은 짧은 문장 속에 인간에 대한 믿음과 교육 철학, 정치 신념, 그리고 사랑과 책임의 윤리를 오롯이 담고 있다. 현존하는 『논어』는 판본에 따라 약간의 차이는 있을 수 있으나 「학이(學而)」편부터 「요왈(堯曰)」편까지 20편, 약 480여 장, 15,919자에 이른다. 비교적 적은 글자 수와는 달리, 『논어』의 세계는 깊고 방대하다. 그 문장은 함축적이며, 때로 상징적이고, 무엇보다 인간의 내면을 향한 끊임없는 물음으로 가득 차 있다. 마스

베버는 "『논어』를 읽으면 인디언 추장의 말을 듣는 듯하다."라고 말했다.

『논어』는 송나라 시대에 『대학』, 『중용』, 『맹자』와 함께 사서(四書)로 묶이며 유학의 핵심 경전이 되었고, 위진남북조 시기 도가(道家)의 열풍 속에서도 유학의 근간으로 자리 잡았다.

"절반의 논어로 천하를 다스릴 수 있다(半部論語治天下)."는 송(宋)대 나대경(羅大經)의 '학림옥로(鶴林玉露)'에 등장하는 말로, 산동(山東) 출신인 재상 조보(趙普)가 태종(太宗) 조광의(趙光義 또는 趙匡義)에게 아뢴 것이다.

"신이 평생 아는 바로는 정녕 이 말을 벗어나지 않으니, 옛날 '그 책'의 절반으로 태조 조광윤(趙匡胤)을 보좌하여 천하를 평정하였고, 지금은 그 절반으로 폐하를 도와 태평성대에 이르게 하겠습니다(臣平生所知, 誠不出此, 昔以其半輔太祖定天下, 今欲以

其半輔陛下致太平).” 조보가 세상을 떠났을 때 그의 서가에서 나온 단 한 권의 책이 『논어』였다고 한다. 또 ‘일본 경제의 설계자’라 불리는 시부사와 에이이치(澁澤榮一, 1840~1931)도 1916년 저술한 『논어와 주판』에서 공자(孔子)의 사상에서 근대 일본의 나아갈 길을 찾으려고 했다. 서울대 김영민 교수는 “『논어』는 세상을 해석하는 데 있어 기본적인 개념, 어휘를 제공하는 텍스트다. 곧 우리가 공유하고 있는 공통 자원이기 때문에 굉장히 중요한 텍스트이고 잘 해석될 필요가 있다.”라고 했다. 고(故) 안병욱 선생도 “천국에 가져갈 단 하나의 책을 고르라면 『논어』”라고 하셨다. 『논어』라는 책의 가치가 어느 정도인지를 역설적으로 드러내 준다. 오늘날 우리는 수많은 정보와 속도에 둘러싸여 살면서도 여전히 ‘나는 왜 공부하는가?’, ‘무엇을 위해 살아가는가?’라는 근본적 질문을 던진다.

이런 질문 앞에서 『논어』는 여전히 우리를 붙잡는다. 고전이 과거의 유물이 아니라 '시간을 이겨낸 현재'임을 보여주는 대표적 사례가 바로 『논어』이다.

'『논어(論語)』'란 '의논해서 정리한 이야기'라는 뜻으로, 『사기』에도 논어라는 명칭이 나오나 하나의 책으로 언급하진 않았으며, 한나라 역사학자 반고가 『한서』에서 처음 사용한 명칭이다. 초기에는 '전(傳)', '기(記)', '어(語)' 등 다양한 이름으로 불렸으며, 편찬자에 대해서도 자공, 증자, 자하 등 여러 설이 있다. 중요한 것은 『논어』가 한 사람의 저작이 아니라 스승의 뜻을 잊지 않으려는 제자들의 집념 속에서 탄생했다는 점이다. 현재 우리가 읽는 『논어』는 제(齊), 노(魯), 벽중(壁中) 세 전본이 조합된 것이다. 진시황의 분서갱유로 많은 문서가 사라졌지만, 공자의 집 벽 속에서 발견된 책과 제자들의 노력으로 이 고전은 살아남아 오늘에 이르렀다.

『논어』에서 자주 등장하는 핵심 개념이 바로 '도(道)'이다. 『논어』「이인」편에서 공자가 말한 '도'는 "아침에 도를 들으면, 저녁에 죽어도 좋다(朝聞道 夕死可矣)."라는 구절에서 보듯 추상적 철학이 아닌 인간으로서 바르게 살아가는 길을 의미한다. 이는 단순한 지식이 아닌 삶의 방식이며, 관계와 태도에서 드러나는 윤리이다. 노자가 침묵의 철학을 강조했다면, 공자는 누구나 이해하고 실천할 수 있는 구체적이고 일상적인 도를 이야기했다. 그의 교육 철학은 바로 여기에 있었다. 누구나 이해할 수 있고, 누구나 실천할 수 있어야 한다는 것이었다. 공자가 평생 강조한 핵심 가치는 인(仁)이다. 노자는 "도(道)는 말로 설명될 수 있다면, 그것은 진정한 도가 아니다(道可道, 非常道)."라 하여 언어화된 도는 참된 도가 아님을 강조했고, 『주역(周易)』「설괘전(說卦傳)」에 "사람의 도를 세움을 일러 인(仁)과 의(義)라 한다(立人之道, 曰仁與義)."라 했고, 맹자는 "삶도 내가 바라는 것이고, 의로움도 내가 바라는 것이다. 이 둘을 함께 얻을 수 없다면, 삶을 버리더라도 의로움을 택해야 한다(生亦我所欲, 義亦我所欲. 二者不可得兼, 舍生而取義者也)."라고 하며 삶보다 의로움을 중시했지만, 공자의 도는 이보다 더 인간 중심적이고 윤리적인 특성을 지닌다. 그는 자장에게 "공손하고, 너그럽고, 신용 있고, 민첩하며, 은혜를 베풀 수 있어야 한다(恭, 寬, 信, 敏, 惠)."라고 말하며 이를 인(仁)으로 요약했다. 안연에게는 "인을 행하는 것은 자기에 달린 것이다. 남에게 달린 게 아니다(爲仁由己, 而由人乎哉)."라고 강조했다. 공자의 인은 감정이 아닌 타인의 고통에 공감하고 반응하는 행동이다. 누군가를 위해 마음을 내어놓는 일, 그것이 바로 인이다. 흥미롭게도 공자는 인을 정의하지 않고 상황에 따라, 제자들에게 맞는 방식으로 설명했다. 인이 살아있는 관계 속에서만 빛나는 것이기 때문이다.

공자가 말하는 최고의 윤리는 '서(恕)'로 귀결된다. 자공이 평생 지킬 수 있는 한마디를 묻자, 공자는 "서(恕)다, 자기가 하기 싫은 일은 남에게 시키지 마라(己所不欲, 勿施於人)."라고 답했다. 서(恕)는 '같을 여(如)'와 '마음 심(心)'이 합쳐진 글자로, 다른 사람의 마음을 내 마음처럼 생각하라는 뜻이다. 이는 단순한 도덕적 충고가 아니라 '나처럼 느끼는 능력'이 사람됨의 핵심이라는 선언이다. 타인을 향한 이해와 배려, 공감과 존중 없이는 어떤 사회도 존속할 수 없으며, 서(恕)야말로 사회를 이루는 가장 근본적인 힘이다. 이러한 가치관을 바탕으로 공자는 누구보다 교육을 중요하게 여겼다.

“사람에게는 가르침에 차별이 없다(有教無類).”라는 그의 신념에 따라 문하에는 귀족과 평민이 함께했다. 그는 자신을 ‘옛것을 좋아하는 사람’이라 했지만, 과거에 갇히지 않았다. 옛것을 익히되 새롭게 써야 하고, 지식을 암기가 아닌 삶에서 실천해야 한다고 보았다. “배우고 수시로 익히면, 또한 기쁘지 않겠는가(學而時習之, 不亦說乎)?”라는 말처럼, 배움은 기쁨이고 실천은 완성이라고 강조했다. 교육과 마찬가지로 공자는 정치를 권력이 아닌 도덕과 신뢰의 문제로 보았다. “백성이 믿지 않으면, 나라가 설 수 없다(民無信不立).”라는 그의 말처럼, 군주는 먼저 자신을 바로잡고 백성을 사랑하며 모범을 보여야 한다고 보았다. 정치는 ‘사람을 이롭게 하는 일’이며, 통치는 명령이 아닌 감화의 과정이라는 것이 그의 생각이었다. 이러한 정치관은 오늘날 지도력에도 깊은 통찰을 준다. ‘앞장서기보다 함께하기', '명령보다 감동'이 공자의 지도력 철학이었다.

오늘날 우리는 입시와 진로, 관계와 자아, 미래와 불안이라는 수많은 질문 속에 살아간다. 『논어』는 그 모든 질문에 직접적 답을 주지는 않지만, 스스로 묻고 깨닫게 하는 힘을 준다. '나는 누구인가?', '나는 어떤 사람이 되고 싶은가?'라는 질문은 늘 다시 던져야 할 질문이다. 공자는 사람을 가장 중요하게 생각했다. 지식보다 태도, 경쟁보다 배려, 성공보다 올바름을 먼저 말했다. 그는 누구나 실천할 수 있는 윤리를 말했고, 그것이 오랜 세월을 넘어 오늘의 우리에게도 다가올 수 있었던 이유이다. 문학이 인간을 이해하는 일이라면 『논어』는 인간을 향한 고전이다. 그래서 문학을 읽고 쓰는 우리에게 『논어』는 특별한 고전이다. 세상을 이해하려 할 때, 나를 더 깊이 알고자 할 때, 누군가를 더 잘 사랑하고자 할 때, 『논어』는 조용한 길잡이가 되어준다. 우리는 때로 복잡한 세상에서 길을 잃는다. 그럴 때마다 우리는 깨닫는다. 『논어』는 곁에 둘 때마다 새롭게 숨 쉬는, 가장 오래된 오늘이라는 것을.

제3장

배움은 왜 기쁜가?
-『논어』 첫 문장의 깊은 뜻

“배우고 수시로 익히면, 또한 기쁘지 않겠는가(學而時習之 不亦說乎)?” 『논어』의 첫 문장은 짧고 단순한 물음 속에 고전 전체를 관통하는 공자의 깊은 사유를 담고 있다.

왜 공자는 수많은 가르침 중에서 굳이 ‘배움’으로 『논어』의 시작을 열었을까? 이 짧은 문장 속에 담긴 ‘무엇을 배우고, 어떻게 익히며, 왜 그것이 기쁨이 되는가?’ 하는 질문은 2,500년이 지난 오늘날에도 여전히 유효하며, 우리 시대 교육의 본질을 되묻게 한다. 『논어』는 공자 사후 제자들이 스승의 가르침을 오랜 시간 정리하여 엮은 결과물이다.

그 시작을 ‘배움’으로 택했다는 사실은 『논어』가 단순히 지식의 나열이 아니라, ‘배움’이야말로 공자 사상의 핵심이자 인간의 삶을 규정하는 가장 중요한 개념임을 천명하는 상징적인 행위이다. 『논어』 전편에 '학(學)'이라는 단어가 무려 65번이나 등장하는 것은 결코 우연이 아니다. 이는 공자가 배움을 단순히 하나의 덕목이 아닌, 인간 완성의 근본적인 과정으로 보았음을 증명한다.

그렇다면 공자가 말한 '학(學)'은 오늘날 우리가 통용하는 '공부'와 같은 의미일까?

단연코 아니다. 현대 사회에서 '공부'는 흔히 시험, 자격증, 취업, 승진 등 외적인 성공을 위한 수단으로 전락하는 경향이 있다. 그러나 공자의 '학(學)'은 단순한 지식의 암기나 기술 습득을 넘어선다. 그것은 삶을 올바르게 살아가기 위한 모든 종류의 배움을 포괄하며, 그 출발점을 외적인 보상이 아닌 내면의 기쁨에서 찾는다. "배우고 수시로 익히면, 또한 기쁘지 않겠는가?"라는 질문은 결과

중심의 사고를 정면으로 거부한다. 좋은 대학에 가거나 높은 벼슬을 얻기 때문에 기쁜 것이 아니라, 배움 그 자체가 본질적인 기쁨의 원천이라는 공자의 선언이다.

공자가 중요하게 여긴 배움의 대상은 특정 분야에 국한되지 않았다. 『논어』 곳곳을 살펴보면, 공자는 단순히 경전이나 문헌적 지식만을 '학'의 대상으로 삼지 않았다. 『시경(詩經)』, 『예기(禮記)』, 『역경(易經)』과 같은 고전적 지식뿐만 아니라, 일상생활의 예절, 사람과의 관계 맺기, 도리(道理)와 같은 삶의 기술 또한 배움의 중요한 영역으로 보았다.

이는 공자가 아들 백어(伯魚)에게 "예(禮)를 배웠는가?"라고 물은 일화나, 제자 번지(樊遲)가 농사일을 배우고 싶다고 했을 때 단순한 기술이 아니라 '무엇이 옳은가?'라는 도(道)를 가르치려 한 데서도 알 수 있다. 결국 공자의 '학'은 지식의 축적이나 기술 습득을 넘어, 인간으로서 마땅히 지녀야 할 올바른 태도와 행동양식을 체득하는 전인적인 과정이었다. 그렇다면 '습(習)'은 무엇일까? '습'은 단순히 배운 내용을 반복하는 차원을 넘어선다. 그것은 반복을 통해 배움이 내면화되고 삶 속에 자연스럽게 스며드는 과정을 의미한다.

공자는 배움이 일회성으로 끝나지 않고, 시간이 지나도 삶의 지혜로 체화되도록 하는 것을 중시했다. 오늘 배운 것을 내일의 삶에 적용하고, 시간이 흐른 뒤에도 다시 되새기며 자신의 일부로 만드는 것, 그것이 바로 '시습(時習)'이다. 여기서 '시(時)'는 단순히 시간을 의미하는 것이 아니라, 적절한 때에 맞춰 실천하고 내면화하는 과정을 의미한다. 배움의 진정한 완성은 반복적인 실천과 자기 성찰 속에서 이루어지는 것이다.

공자는 배움의 중요성을 강조하면서도 사유(思惟)의 역할을 간과하지 않았다. 그는 "배우기만 하고 생각하지 않으면 어둡고, 생각만 하고 배우지 않으면 위태롭다(學而不思則罔, 思而不學則殆)."라고 말했다. 이는 사유 없는 맹목적인 암기를 경계함과 동시에, 경험 없는 공허한 사색 또한 경계하는 것이다. 공자는 늘 경험과 사유, 배움과 익힘 사이의 균형을 강조했다. 이러한 균형 감각이야말로 진정한 학습으로 나아가는 필수적인 조건이었다.

오늘날 우리는 여전히 배움을 자격증, 시험, 취업 등 외적인 성취를 위한 수단으로 여기는 경향이 강하다. 하지만 공자는 배움이 그 자체로 기쁨이 되어야 한다고 보았다. 프랑스 작가 파스칼 키냐르는 말했다. "배우는 것은 강렬한 쾌락이다. 문이 없던 곳에 문이 생기고, 그 문과 함께 내 몸도 열린다." 지식이 확장되고 새로운 것을 깨닫는 순간, 우리는 이전보다 더 넓은 세계로 나가는 신비로운 경험을 한다.

아이가 처음 걷는 법을 배우며 느끼는 환희, 새로운 언어를 익혀 소통에 성공했을 때의 짜릿함, 복잡한 문제를 해결했을 때의 성취감은 모두 배움이 주는 본질적인 기쁨의 발현이다. 공자에게 이러한 기쁨은 배움의 부산물이 아니라, 배움의 가장 중요한 본질이었다. 배움이 기쁨이 되는 순간, 우리는 이제는 외부의 강요나 보상 때문에 움직이는 것이 아니라, 내재적 동기에 따라 스스로 배우고자 하는 주체가 된다.

그러나 배움에는 어두운 그림자도 존재한다. 배움은 필연적으로 변화와 성장을 전제하며, 이는 때로 위계를 만들어내기도 한다. 더 많이 배우고 깊이 아는 사람이 사회적으로 더 바람직한 상태에 도달한다는 인식은 배움을 정치적인 영역으로 끌어들인다. 고대 중국의 과거시험은 이러한 배움의 역설을 잘 보여준다. 본래 공자의 가르침을 담은 『논어』는 시간이 흐르면서 국가 인재 선발의 시험 과목이 되었고, 세속적인 성공의 필수 조건으로 변모했다.

'배움의 기쁨'을 말하던 텍스트가 '배움의 경쟁'을 낳는 수단이 된 것이다. 현대 사회의 교육 시스템 또한 유사한 역설을 품고 있다. 명문대 입학, 전문직 진출, 고소득이라는 외적인 목표를 향해 배움이 수단화되면서, 본연의 기쁨은 사라지고 경쟁과 스트레스만 남는 현실이다. 『논어』의 운명은 이처럼 동아시아 지식 문화의 복잡한 역설을 드러낸다.

공자의 교육 방법에서 특히 주목해야 할 점은 학습자의 주체성을 강조했다는 것이다. 그는 제자들에게 직접적인 답을 주기보다, 스스로 생각하고 깨우치도록 이끌었다.

"배우는 자가 스스로 답답하여 애가 타지 않으면 깨우쳐 주지 않고, 한 귀퉁이를 들어서(가르쳐서) 세 귀퉁이를 스스로 헤아리지 못하면, 다시는 반복해서 가르치지 않는다(不憤不啓, 不悱不發, 擧一隅不以三隅反, 則不復也)." 즉, 답답해하지 않으면 깨우쳐 주지 않고, 말하려 애쓰지 않으면 터뜨려주지 않는다는 가르침은 진정한 배움이 수동적 수용이 아닌 능동적인 참여에서 비롯됨을 강조한다. 학습자가 스스로 질문하고 답을 찾으려 노력할 때 비로소 의미 있는 학습이 이루어지는 것이다. 또한 공자는 각 제자의 특성과 기질에 맞춰 맞춤형 교육을 했다.

성격이 급한 자로(子路)에는 신중함을, 소극적인 염유(冉有)에는 적극성을 요구하며 개개인의 성장을 도모했다. "세 사람이 길을 걸으면 반드시 내 스승이 있다(三人行, 必有我師焉).”라는 공자의 말은 배움의 무한한 개방성을 보여준다. 그는 스승과 제자의 경계를 넘어 모든 존재로부터 배우려는 겸손한 자세를 지녔다. 나이, 지위, 학력을 초월한 상호 학습의 가능성을 제시하며, 공자 자신 또한 완성된 성인이 아니라 끊임없이 배우고 탐구하는 학습자였다. 진리를 향한 끝없는 탐구가 바로 인간다운 삶의 조건이었다.

공부는 남보다 앞서기 위한 경쟁이 아니라, 더 나은 ‘나 자신’이 되기 위한 길이어야 한다. 삶의 방향을 잃고 헤맬 때, 공자의 이 첫마디는 여전히 우리에게 묻는다. “너는 지금 무엇을 배우고 있는가, 그리고 그것이 너를 기쁘게 하는가?” 이 질문은 단순해 보이지만, 우리의 삶의 방향을 점검하게 하는 날카로운 성찰의 도구이다.

현대인들은 바쁜 일상 속에서 정작 자신이 무엇

을 위해 배우고 있는지 성찰할 시간을 갖기 어렵다. 『논어』의 첫 문장은 이러한 우리에게 잠시 멈춰 서서 배움의 참된 의미를 되묻기를 촉구한다. "학이시습지 불역열호?"는 2,500년이라는 시간을 넘어선 고대의 유물이 아니라, 영원히 현재 진행형인 삶의 살아있는 질문이며, 우리 모두에게 던져진 가장 중요한 삶의 과제이다.

제4장

『논어』 첫 문장과 마지막 문장, 그 사이를 걷는 길

모든 글에서 첫 문장이 갖는 무게는 매우 무겁다. 김훈의 『칼의 노래』는 "버려진 섬마다 꽃이 피었다."라는 문장으로 시작된다. 이 문장은 단순한 묘사 같지만, 작가는 '꽃은 피었다.'가 아니라 '꽃이 피었다.'로 쓸지 수일을 고민했다고 한다. 전자는 꽃이 피는 현상을 묘사하는 반면, 후자는 자연이 스스로 피어나는 듯한 주체성을 느끼게 한다. 그 한 글자의 선택이 문장 전체의 리듬과 시선을 좌우한다. 문학 작품뿐 아니라 철학 고전에서도 시작과 끝은 큰 의미를 지닌다. 톨스토이의 『안나 카레니나』는 "행복한 가정은 모두 비슷한 이유로 행복하지만, 불행한 가정은 저마다의 이유로 불행하다(All happy families resemble one another; each unhappy family is unhappy in its own way)."라는 문장으로 독자의 주의를 단박에 끌어당긴다. 『위대한 개츠비』는 "그래서 우리는 조류를 거슬러 가는 배처럼, 끊임없이 과거로 밀려나면서도 계속 앞으로 나아가는 것이다(So we beat on, boats against the current, borne back ceaselessly into the past)."라는 문장으로 이야기를 마무리하며 여운을 남긴다.

좋은 글은 첫 문장으로 독자의 눈길을 사로잡고, 마지막 문장으로 마음에 잔향을 남긴다. 이 점에서 유가(儒家)의 경전인 『논어』도 예외는 아니다. 공자의 언행을 엮어 만든 이 책은 단지 말의 모음이 아니라 하나의 정신적 서사이다. 특히 제자들이 『논어』의 첫 문장과 마지막 문장을 어떻게 배치했는지는, 이 책이 단순한 지식이 아니라 인생의 길잡이라는 사실을 강하게 보여준다. 『논어』는 "배우고 수시로 익히면, 또한 기쁘지 않겠는가? 친구가 먼 데서 찾아오면 즐겁지 않겠는가? 남이 나를 알아주지 않아도 성내지 않는다면 군자가 아니겠는가(學而時習之, 不亦說乎? 有朋自遠方來, 不亦樂乎? 人不知而不慍, 不亦君子乎)?"라는 문장으로 시작한다. 배움(學)으로 시작되는 이 첫 문장은 인간 존재의 출발을 상징한다. 사람은 태어날 때 아무것도 알지 못한다. 그래서 배워야 하고, 반복해서 익히는 가운데 즐거움을 얻는다. 그 배움이 쌓이면 타인과의 관계에서도 기쁨을 얻고, 더 나아가 세상이 나를 몰라준다고 하여도 흔들리지 않는 마음에 이른다. 이는 유가가 강조하는 수양(修養)과 인격 완성의 시작을 알리는 선언과도 같다. 반면, 『논어』의 마지막 문장은 한층 더 깊은 차원의 깨달음을 보여준다.

"천명을 알지 못하면 군자가 될 수 없고, 예를 알지 못하면 바로 설 수 없으며, 말의 뜻을 알지 못하면 사람을 알 수 없다(不知命, 無以為君子也; 不知禮, 無以立也; 不知言, 無以知人也).” 이 마지막 문장은 다시 ‘군자’라는 말로 첫 문장을 환기하지만, 내용은 훨씬 더 깊다. 여기서 ‘천명(天命)’은 단지 하늘의 뜻이나 운명이 아니라, 인간이 자신이 살아가는 이 세계의 법칙과 흐름을 이해하는 통찰을 말한다. ‘예(禮)’는 단지 겉치레가 아니라, 그 질서를 실천하는 생활 규범이며, ‘말(言)’은 인간 내면을 드러내는 상징이다. 따라서 이 문장은 단순한 지식이 아니라 인생 전체에 대한 통찰과 이해를 요구한다. 제자들이 『논어』를 이렇게 시작과 끝으로 배열한 것은 우연이 아니다. 이는 공자의 가르침이 ‘배움에서 시작하여 천명에 이르는 길’, 다시 말해 ‘인간 수양에서 우주 질서의 이해로 나아가는 여정’임을 말하고자 한 것이다. 첫 문장에서는 “사람이 나를 몰라줘도 성내지 않는다(人不知而

不慍).”라는 경지를 제시하지만, 왜 성내지 않을 수 있는가에 대한 대답은 마지막 문장에 있다.

> “천명을 알지 못하면 군자가 될 수 없다(不知命, 無以為君子也).”

즉, 천명을 아는 사람은 세상의 평가와 인정에 일희일비하지 않는다. 자신이 걸어가야 할 길을 알기에 외부의 흔들림에 마음을 빼앗기지 않는다. 이런 점에서 『논어』는 단지 윤리 교과서가 아니라, 삶의 서사이다. 첫 장을 여는 독자는 ‘배움’이라는 문으로 들어가고, 마지막 장을 덮는 독자는 ‘깨달음’이라는 문을 통과한다. 그 사이에는 수많은 말과 사람과 사건이 있지만, 그 모든 것은 하나의 흐름으로 이어진다. 한 권의 책이 이처럼 체계적이고, 또 은밀하게 구성되었다는 점은 놀라운 일이다. 이것이 바로 『논어』가 2,500년 동안 고전으로 남은 이유이며, 지금도 수많은 사람에게 깨달음을 주는 까닭이다. 결국, 『논어』는 다음과 같이 말하고 있다.

"자기를 이기고 예로 돌아가는 것이 인이다. 하루라도 자기를 이기고 예로 돌아가면 천하가 인에 돌아간다. 인을 행하는 것은 자기에게 달려 있으니, 어찌 남에게 달린 것이랴(克己復禮爲仁. 一日克己復禮, 天下歸仁焉. 爲仁由己, 而由人乎哉)?"

공자의 제자들은 그 가르침을 단지 외우는 것이 아니라, 삶으로 살아내려 했다. 그래서 그들은 스승의 말씀을 한 줄 한 줄 모아, 하나의 정신적 사다리를 만들었다. 그 첫 디딤돌은 '배움', 마지막 디딤돌은 '천명(天命)'이었다. 공자의 천명관은 도덕적 자각과 인간의 본분에 대한 깨달음을 포함하는 개념이다. 즉, 공자에게 '천명'은 내가 인간으로서 마땅히 해야 할 도리를 자각하고 실천하는 삶의 방향성이며, 그것을 아는 것이 곧 '군자의 조건'이다. 『여씨춘추(呂氏春秋, 기원전 239년경 편찬)』의 「불구론·찬능(不苟論·贊能)」편에 "잘 달리는 말 열 필을 얻는 것보다 백락(伯樂: 말 감정가) 한 사람 곁에 두는 게 낫고, 보검 열 자루 손에 넣는 것보다 구야(歐冶: 대장장이) 한 사람 얻는 게 나으며, 천 리 땅덩이를 차지하는 것보다 성인 한 분 모시는 게 낫다(得十良馬, 不若得一伯樂, 得一良劍, 不若得一歐冶: 得地千里, 不若得一聖人)."라는 말이 있다. 그 길을 걷는 것이 바로, 『논어』를 읽는 이의 길이다.

미야자키 이치사다(宮崎市定, 1901~1995)는 『논어』가 2,500년 전의 언어이므로 『논어』를 제대로 이해하기 위해서는 후대의 주석에 얽매이지 말고 공자 당시의 언어로 이해해야 한다고 주장한다. 경전을 해석할 때, 남의 해석을 빌려 쓰거나 억지로 뜻을 끼워 맞추는 것은 큰 문제다. 겉으로 보기에 문장이 비슷해 보여도 실제 뜻은 전혀 다를 수 있고, 뜻이 비슷하더라도 지향하는 방향이 다를 수 있다. 어려운 구절을 빌려서 쉬운 부분을 설명하려 하거나, 실제 있는 뜻을 억지로 없는 개념에 끼워 맞추면, 원래는 쉽게 이해할 수 있었던 내용도 오히려 멀게 느껴지고, 명확했던 의미도 흐릿해진다. 그 결과, 말이 복잡해지고 뜻이 불분명해져 아무리 설명하려 해도, 마치 사슴과 노루가 서로 옆에 있지만 구분되지 않는 것처럼 끝없이 맴돌기만 할 뿐, 명확한 결론에 이르지 못하게 된다. 설령 겉으로 문장 구조가 비슷해 그런 문제가 없어 보일지라도, 결국 남의 말을 빌려 믿음을 얻는 것이므로, 내가 직접 보고 느끼고 스스로 말하는 것만큼 확실하고 참된 것은 아니다. 필자는 호산(壺山) 박문호(朴文鎬, 1846~1918) 선생의 『논어집주상설(論語集註詳說)』을 필사하며 논어를 익혔다. 중국(대만의 경우에는 비교적 최근)이나 일본의 학자들은 주자(朱子) 주(注)로 대표되는 신주(新注)보다 정현(鄭玄)을 비롯한 고주(古注)를 더 높이 평가한다. 이는 최근의 일이 아니라 명나라 왕양명 이후, 그리고 청나라 고증학에 이르러 뚜렷한 경향을 보인다. 특히 모기령(毛奇齡) 같은 고증학자는 주자를 거의 조롱하듯 비판한다. 또 일본의 경우 주자학의 영향이 약하기 때문에 오규소라이(荻生徂徠)를 비롯한 훈고학파를 중심으로 고주를 선호하는 경향이 더 분명하게 드러난다.

우리는 오랜 기간 주자학이 절대적인 지위를 누렸기 때문에, 필자는 앞으로 주자의 주를 근간(根

幹)으로 하되 때에 따라 새로운 견해를 주(注)에 채택할 것이다. 학문에는 정해진 길이 따로 있는 게 아니고 어떤 견해가 타당한지는 독자 스스로 판단하고 자기만의 길을 찾아야 한다고 믿기 때문이다.

제5장

중니(공자) 자서전

나는 성(姓)은 자(子)이고 씨(氏)는 공(孔)이다. '자성(子姓)에서 분파한 공씨(孔氏)'에 속하는 사람으로, 본래의 혈통은 자(子)씨 계열이지만 그 아래에서 갈라져 나온 공(孔)씨 가문의 후손이다. 기원전 551년, 노(魯)나라 창평향(昌平鄕) 추읍(陬邑), 지금의 산동 곡부(曲阜)에서 태어났다. 이름 없는 집안, 늙은 아버지와 젊은 어머니 사이에서 태어났고, 태어날 때 정수리에 혹이 있어 이름을 '구(丘)'라 지었다 한다. 아버지 숙량흘(叔梁紇)은 칠십 세, 어머니 안징재(顔徵在)는 스무 살이었다.

■ 기원전 549년(3세)

아버지께서 세상을 떠나시니, 나는 아직 말도 제대로 못할 때였다. 방산(防山)에 모신 아버지의 묘를 향해 어머니와 함께 수없이 걸었다.

■ 기원전 535년(17세)

어머니마저 세상을 떠나셨다. 두 분을 합장해 드리며 깊은 외로움이 밀려왔다. 나라는 존재는 참으로 뿌리가 없는 사람이라 생각했다. 집은 가난했고, 나는 잡일로 생계를 이어가며 배움을 이어갔다.

■ 기원전 533년(19세)

송(宋)나라 기관씨(亓官氏)의 딸을 부인으로 맞이하였다. 다음 해, 아들 리(鯉)가 태어났다. 세속의 기쁨은 잠시, 나는 자신을 닦는 길로 다시 나아갔다.

■ 기원전 525년(27세)

나는 담국(郯國)의 담자(郯子)를 찾아가 옛 제도

에 관해 물었다. 고대의 관직 이름에는 모두 뜻이 담겨 있었고, 질서가 있었다. 그것이 내가 꿈꾸던 세상의 시작이었다.

■ 기원전 518년(34세)

나는 낙읍(洛邑)으로 향했다. 그곳에서 노자(老子)를 만났고, 예에 관해 물었다. 이후 장홍(萇弘)에게서 음악의 정수를 들었다. 예와 악, 인간을 바르게 하는 두 가지 기둥이었다.

■ 기원전 517년(35세)

노나라에서 내란이 일어났다. 소공(昭公)이 삼환(三桓, 계손·숙손·맹손씨)과의 권력 다툼에서 밀려 제나라로 망명했다. 나는 정국을 피해 그를 따라갔다.

■ 기원전 515년(37세)

제나라에서 대부들의 견제 속에 등용되지 못했

다. 경공은 나를 쓰고 싶어 했지만, 재상 안자(晏子)가 나를 두려워했다. 나는 돌아올 수밖에 없었다.

■ 기원전 509년(43세)

소공(昭公)의 영구(靈柩)가 마침내 노나라로 돌아왔다. 백성들과 함께 눈물로 장례를 치렀다. 그리하여 소공의 아우가 새 임금이 되어 정공(定公)으로 즉위하였다. 노나라는 또 한 번의 변곡점을 맞이했다.

■ 기원전 505년(47세)

노나라의 실세였던 계손파의 수장 계평자(季平子)가 세상을 떠났다. 그 틈을 타 그의 가신 양호(陽虎)가 정권을 장악하고, 계평자의 아들인 계환자를 감금하였다. 양호는 나를 끌어들이려 온갖 방법으로 회유했으나, 나는 단호히 거절했다.

■ 기원전 504년(48세)

권세가 양호(陽虎)가 국정을 농단했다. 나는 벼슬을 사양하고 숨어 『시(詩)』와 『서(書)』, 『예(禮)』와 『악(樂)』을 정리하고 『춘추』를 지어 육경(六經)의 기초를 만들었다. 또 나는 제자 양성에 몰두하였다. 먼 고을에서 제자들이 찾아와 배움을 청했고, 육포 열 개를 묶은 선물인 속수(束脩) 이상의 예를 행한 사람이라면 나는 지금까지 그를 가르치지 않은 적이 없다.

■ 기원전 502년(50세)

그해 겨울, 양호는 삼환(三桓)을 제거하려다 실패하고 도망쳤다. 그는 양관(陽關)을 거점으로 반란을 꾀하였다. 그 무렵, 공산불뉴(公山不狃)라는 자가 비읍(費邑)에서 계씨를 배반하며 나를 초청하였다. 나는 처음에는 가려 했으나, 제자 자로(子路)

의 만류에 마음을 접었다. 그러나 만약 나를 등용하려는 자가 있다면, 나는 그 나라를 반드시 동방의 주나라처럼 만들 자신이 있다.

■ 기원전 501년(51세)

나는 중도재(中都宰)에 임명되었다. 부패한 행정은 1년 만에 바로잡혔고, 백성은 신뢰를 보냈다. 이를 계기로 대사구(大司寇)로 승진하였다. 법을 맡은 자로서 나는 사회를 바로잡을 사명감을 느꼈다. 노나라 정공은 마침내 양호를 토벌하였고, 그는 도망쳐 제나라와 진(晉)을 전전하였다.

■ 기원전 500년(52세)

여름에는 제나라와 강화조약을 맺었고, 협곡지회(夾谷之會)에서 나는 노나라 정공을 보좌하였다. 나는 기지를 발휘하여 제나라로부터 빼앗긴 땅을 되찾았다. 백성은 나를 믿었고, 나는 정의를 믿었다.

■ 기원전 499년(53세)

나는 정치개혁을 추진했다. 국법을 바로 세웠고, 나라 안팎의 기강을 정비하였다. 그러나 지식인이라 자처하던 대부 소정묘(少正卯)는 백성을 속이고 세력을 키웠다. 나는 그를 죄목 다섯 가지로 주살하였다. 유창한 언변으로 선을 가장하는 자가 가장 위험했다.

■ 기원전 498년(54세)

나는 삼환가의 전횡을 바로잡고 임금의 공실을 되살릴 방책, '타삼도(墮三都)'를 정공에게 아뢰었다. 이에 숙씨와 맹씨의 읍성은 무너졌으나, 계씨의 성은 끝내 허물지 못하였다. 그 뒤 계씨의 가신 공산불뉴가 비(費)에서 반란을 일으켜 곡부를 위협하였으나, 정공과 대부들이 힘을 합쳐 그 난을 평정하였다. 그는 제나라로 도망쳤다. 마침내 비읍까지 우리 손에 들어왔다. 그러나 저항이 거셌고, 정국은 나를 버렸다. 나는 노나라를 떠났다. 위(衛)나라에서 다시 유랑이 시작되었다. 이때부터 무려 14년 동안, 나는 집 없이 제후국을 떠돌았다.

■ 기원전 492년(60세)

정나라 동문(東門)에서 제자들을 잃고 홀로 남았다. 지나가던 자가 나를 보며 "집 잃은 개 같다."라고 했다. 나는 속으로 되뇌었다. "나는 도(道)를 따르기 위해 길을 잃은 자일 뿐이다."

■ 기원전 489년(63세)

초나라 소왕(昭王)이 나를 등용하고자 서사지(書社地)를 내리고 사신을 보냈다. 그러나 자서(子西)

의 반대에 막혀, 나는 다시 북으로 향했다. 삶은 험했으나, 뜻은 꺾지 않았다.

■ 기원전 484년(68세)

노나라가 위기에 처했다. 제자 염유(冉有)가 전장에서 승리하여 공을 세우자, 노나라 정국은 마침내 나를 다시 불러들였다. 14년 유랑 끝에 나는 고향 땅에 돌아왔다. 제자 3천, 그중 72인이 육예에 통달하였다. 그들은 나의 뜻을 나보다 더 잘 펼쳐줄 것이라 믿었다.

■ 기원전 481년(71세)

제 나라 진항(陳亢)이 간공(簡公)을 시해하여 노 애공과 삼환을 만나 노 나라가 무력으로 진항을 정벌할 것을 청하였으나 지지를 받지 못했다. 가장 총명했던 제자 안회(顔回)가 병으로 세상을 떠났다. 기둥 하나가 무너진 듯, 가슴이 내려앉았다. 나는 세상이 아직 안회를 알아보지 못했다는 것이 안타까웠다. 다음 해 자로(子路)마저 위나라 정변에서 결영(結纓: 갓끈을 묶다)한 채 전사했다. 나는 눈물도 나오지 않았다.

■ 기원전 479년(73세)

4월 정축일(丁丑日), 나는 마지막 숨을 내쉬었다. 제자들은 성 북쪽 사수(泗水)에 나를 묻었다 한다. 나는 평생 도를 좇았고, 내가 가야 할 길을 갔을 뿐이다.

제6장

공자는 자신을 스스로 어떤 사람이라 여겼을까?

공자는 자신을 스스로 어떤 사람이라 여겼을까?

그 해답이 『논어』 「술이」 편의 한 장에 나온다. 섭(葉) 땅을 다스리던 섭공(葉公)이 공자의 제자 자로에게 "당신의 스승은 어떤 분이냐?"고 물었다. 자로는 대답하지 않았다. 선생님을 가볍게 평가하기 어려웠거나, 섭공의 오만함이 거슬렸기 때문인 듯하다.

이 말을 듣고 공자는 자신의 이야기라서 겸연쩍은 일이지만, 자로에게 이렇게 설명할 수는 없었느냐고 말한다. "너는 어째서 '그 사람됨이 마음으로 통하려고 애써서 음식 먹는 것도 잊어버리며, (알고 나면) 즐거워서 근심을 잊어서, 늙음이 장차

닥쳐오는 줄도 모른다.'라고 일러 말하지 않았느냐(子曰: 女奚不曰, '其爲人也. 發憤忘食, 樂以忘憂, 不知老之' 將至云爾)?"

여기서 위인(爲人)은 사람됨, 인격을 뜻한다. 발분(發憤)은 단순히 답답함이 아니라, 미치지 못한 것에 분발하여 스스로를 일으켜 세우는 것을 말한다. 마음속에 '왜 이 경지에 이르지 못하는가?' 하는 부끄러움과 분발심이 함께 끓어오르는 상태다. 낙이망우(樂以忘憂)의 낙(樂)은 추구한 바를 얻어 누리는 즐거움, 혹은 보람 있는 일을 누리는 기쁨을 가리킨다. 망우(忘憂)는 말 그대로 근심을 잊는다는 뜻이다. 부지노지장지(不知老之將至)는 부지런히 공부하고 실천하느라 세월이 어떻게 흐르는지 따질 겨를이 없다는 말이다.

학문에 임할 때의 공자는 발분망식하고 낙이망우하는 사람이라고, 스스로 자신 있게 설명하고 있는 셈이다. 공자는 한 걸음 더 나아가 "늙음이 자신에게 다가오고 있는 것마저 깨닫지 못하는 사람"이라고 덧붙인다. 단순한 수사가 아니라, 평생의 삶이 그러했음을 담담하게 증언하는 자화상에 가깝다. 공자의 학문에 대한 열정과 헌신은 말 그대로 구도자의 모습으로 다가온다. 이런 태도는 억지로 자신을 몰아붙이는 과로의 결과가 아니라, 선택과 집중에서 생기는 놀라운 결단력과 몰입의 산물이다. 자신이 진정 좋아하는 것에 집중하면 누구나 발분망식하고 낙이망우의 경지에 이를 수 있음을, 공자가 자신의 경험을 바탕으로 우리에게 들려주고 있다.

이는 자로에게 "이렇게 대답했어야 한다."라는 단순한 모범답안을 가르쳐 주려는 데 그치지 않는다. 제자들에게 '배움에 임하는 인간의 바람직한 자세'를 몸소 보여 주며, 그들이 지향해야 할 삶의 표준을 제시하려는 의도도 분명히 담겨 있다. 부귀 이외에도 열중하고 즐거워할 수 있는 것, 결과보다 매진하는 과정 자체를 귀히 여기는 태도가 얼마나 값진지 일깨워 주고 싶었을 것이다. 공자의 눈에 진정한 행복은 '무엇을 소유했는가?'가 아니라 '무엇에 몰두해 왔는가?'에 달려 있었다.

먹는 것조차 잊어버릴 정도로 집중한다면 세상에 이루지 못할 일이 없겠다는 생각이 든다. 또 '기쁨으로 근심을 잊어버리는' 방법이야말로, 고통과 스트레스를 단순한 회피가 아니라 더 높은 차원의 의미로 녹여내는, 참으로 차원 높은 삶의 기술임을 깨닫게 된다. 공자의 삶의 지혜와 슬기에 경탄을 금하지 않을 수 없다. 숨 가쁘게 변화하는 지식 사회의 험한 파고를 뛰어넘는 수단으로, 오늘 우리도 발분망식과 낙이망우를 다시 제시해 보고 싶다. 한여름의 불볕더위도, 한겨울의 추위도, 마음이 향한 배움의 열기와 기쁨 앞에서는 크게 문제되지 않을 것이다.

여기서 한 걸음 더 들어가 보면, 이 구절은 『논어』 전체에서 공자가 자신을 스스로 말하는 몇 안 되는 대목과 서로 맞물리며 더욱 입체적인 초상을 이룬다. 공자는 먼저 자신을 "술이부작, 신이호고(述而不作, 信而好古)."라고 했다. '새로운 학설을 지어내기보다, 옛사람의 도를 믿고 좋아하여 그것을 전한다는 것이 자신의 역할'이라는 뜻이다. 또 "오십유오이지우학(吾十有五而志于學)"이라 하여, "열다섯에 학문에 뜻을 세운 이래 평생 그 길에서 벗어난 적이 없다."라고 회고한다. 여기에 "발분망식, 낙이망우, 부지노지장지"가 더해지면, 공자가 자신을 어떻게 보았는지 윤곽이 더욱 분명해진다.

공자에게 학문은 단순히 밥벌이 수단이 아니라 삶 그 자체였다. 그는 학문을 입신양명의 도구로 여기지 않았다. 공자는 "부재기위, 불모기정(不在其位, 不謀其政).", 즉 "그 자리에 있지 않으면 그 정치를 도모하지 않는다."라고 말하며 직분에 따른 책임을 중시했지만, 학문만큼은 지위와 상관없이 평생 추구해야 할 삶의 본질로 받아들였다. '발분망식(發憤忘食)'은 배움이 '해야만 하는 의무'가 아니라 '하지 않고는 견딜 수 없는 열정'이 되었을 때 나타나는 경지를 보여준다.

공자는 제자에게 요구한 '분(憤)'을 스스로 먼저 실천한 사람이기도 했다. 그는 제자를 가르칠 때도 "불분불계, 불비불발(不憤不啓, 不悱不發)", 즉 "알려고 애쓰지 않으면 가르쳐 주지 않고, 애태우지 않으면 그 말문을 열어주지 않는다."라고 했다. 여기에서 분(憤)과 발분(發憤)은 한 맥락에 있다. 스승이 제자에게 요구한 그 분발과 갈증을, 공자 자신이 먼저 실천하고 있었다. 다시 말해, "나는 이렇게 배워 왔으니, 너희도 그만큼의 학문에 대한 열의와 정성을 품어야 한다."라는 무언의 가르침이다.

공자의 교육 철학은 '좋아함'과 '즐거움'에 기초하고 있었다. 그는 "지지자불여호지자, 호지자불여락지자(知之者不如好之者, 好之者不如樂之者)", 즉 "아는 자는 좋아하는 자만 못 하고, 좋아하는 자는 즐기는 자만 못 한다."라고 말했다. 발분은 '부족함을 깨닫고 분발하는 단계'라면, 낙이망우는 '그 길을 즐기는 최고 단계'이다. 부족함을 자각하는 고통에서 출발하지만, 결국에는 즐거움으로 근심을 덮어 버리는 경지에 이르는 것, 이것이 공자가 말한 배움의 완성이다.

공자는 또한 소박한 삶 속에서 큰 기쁨을 찾은 사람이었다. 그는 "반소사, 음수, 곡굉이침지, 락역재기중의(飯疏食, 飮水, 曲肱而枕之, 樂亦在其中矣).", 즉 "거친 밥을 먹고 물을 마시며, 팔베개를 베고

누워도, 즐거움이 또한 그 가운데 있다."라고 했다. 삶의 조건이 화려해서 즐거운 것이 아니라, 배움과 실천이 한 몸이 되었을 때, 가장 소박한 일상도 기쁨으로 가득 찬다는 뜻이다. 발분망식과 낙이망우는 바로 이러한 공자의 생활 철학이 가장 응축된 표현이라고 볼 수 있다.

오늘 우리의 삶에 비추어 보면, 현대인은 "공부하라."는 말을 들으면 시험과 경쟁을 떠올리기 쉽다. 밤새워 책상 앞에 앉아 있는 것과 발분망식은 얼핏 비슷해 보이지만, 그 속은 전혀 다르다. 억지로 자신을 채찍질하며 버티는 '소모적인 야근'과, 하고 싶어서 시간 가는 줄 모르는 '몰입' 사이에는 질적인 차이가 있다. 공자의 발분은 스스로를 향한 부끄러움과 분발이고, 낙이망우는 의미 있는 일에 몰입할 때 오는 근원적 즐거움이다. 이 둘은 결코 체력과 정신을 소진시키는 강박이 아니라,

오히려 사람을 살리는 에너지다.

이 같은 공자의 학문 태도를 종합해 볼 때, 공자야말로 "학습하고 실천하는 것이 취미이자 특기"였다고 해도 전혀 과장이 아니다. 그에게 학문은 직업도, 과시의 수단도 아니라, 살아 있는 동안 단 한 번뿐인 삶을 어떻게 보낼 것인가에 대한 응답이었다. 우리 각자에게도 '발분망식할 만한 것'이 있는지, '낙이망우할 수 있는 일'을 품고 사는지 스스로 물어보게 된다. 공자의 이 짧은 한마디는, 이천 년을 건너 오늘 우리에게도 "당신은 무엇에 그토록 몰두해 보았는가?" 하고 조용히 묻고 있는지도 모른다.

제7장

공자의 3대 제자 안회(顔回), 자로(子路), 자공(子貢)

『논어』에는 공자(孔子)의 제자가 다수 등장한다. 전해지는 바에 따르면 문하생이 3천여 명이었고, 그중 '칠십이현(七十二賢)'이 특별히 뛰어난 인물로 꼽혔다. 그 가운데에서도 덕행(德行)의 안회(顏回), 정사(政事)의 자로(子路), 언어(言語)의 자공(子貢)은 특히 두드러진 존재였다.

먼저 안회(顏回)와 자로(子路)를 말하자면, 두 사람은 마치 좌청룡(左青龍)과 우백호(右白虎)처럼 대비된다. 공문(孔門) 제자 가운데 가장 '사람다운 사람'이라는 평을 받을 수 있는 이들이 바로 그들이었다. 『논어』에서 안회는 주로 본받아야 할 이상적 인물로 등장한다. 반면 자로는 종종 타박받는 역할을 맡는다. 한 사람은 칭찬의 대상, 다른 한 사람은 꾸지람의 대상이 되었지만, 두 사람의 존재는 스승의 사상을 한 쌍의 음(陰)과 양(陽)처럼 조화롭게 울려 퍼지게 했다. 공자(孔子)는 제자들 가운데 특히 안회를 편애했다. 안회가 죽은 뒤 공자가 2년 만에 세상을 떠난 사실을 고려하면, 『논어』 전체에서 안회를 회상하는 대목이 적지 않다. 그 애정에는 어쩌면 어린 시절 공자를 키운 모친 안징재(顏徵在)의 모습이 겹쳐 있었을지 모른다. 꽃다운 나이에 과부가 되어 니산(尼山) 기슭에서 공자를 키운 모친의 고운 기품이, 외가 쪽 혈통인 안회의 고요하고 내성적인 품격 속에 비쳐 있었다.

공자는 안회에 대해 이렇게 말했다.

"어질다, 회(回)여! 밥 한 그릇, 국 한 사발에 남루한 뒷골목에 살아도, 불평하지 않고 가난을 즐거움으로 삼는다(賢哉回也! 一簞食, 一瓢飮, 在陋巷, 人不堪其憂, 回也不改其樂.)!"

"내가 안회와 더불어 이야기해 보니, 날이 마치도록 내 말을 어기지 않는 것이 어리석은 사람 같이 하더니, 물러간 뒤에 그 혼자 있는 모습을 살펴보니, 또한 족히 내용을 충분히 실천한다. 안회는 어리석은 것이 아니다(吾與回言終日, 不違如愚, 退而省其私, 亦足以發. 回也不愚).", "세상이 필요로 하면 나아가 도(道)를 행하고, 버려지면 물러나서 감추어 숨는 것을 오직 나와 더불어 너만이 할 수 있다(用之則行, 舍之則藏, 惟我與爾有是夫)." 안회는 안빈낙도(安貧樂道)를 삶으로 증명한 인물이었다. 그의 존재 덕분에 공자의 말은 허공에 뜬 이상이 아니라 실현 가능한 규범적 언명으로 자리매김할 수 있었다.

반면 자로(子路)에 대한 공자의 평가는 간결하다.

"내가 자로를 얻은 뒤로는 헐뜯는 소리를 듣지 않았다(自吾得由, 惡言不聞於耳)."

자로는 과격하고 직선적인 성격으로, 스승에게서 꾸지람을 듣는 일이 잦았다. 그러나 그는 끝까지 스승 곁을 지키고, 몸을 던져 보호했다. 안회와 자로, 이 두 사람이 있었기에 위대한 스승 공자도 존재할 수 있었다고 할 수 있다.

안회는 매사 칭찬을 받았다. "내 수준에 도달한 자는 너뿐."이라는 극찬을 들었지만, 자로는 "너는 하나만 알고 둘은 모른다."라는 꾸지람을 달고 살았다. 그런데도 자로는 스승의 곁을 떠나지 않았다.

어느 날 자로가 인정에 목마른 질문을 스승에게 던졌다.

"스승님께서 삼군(三軍)을 통솔하신다면 누구와 함께하시겠습니까(子行三軍則誰與)?"

자로는 자신이 당대 최고의 무인(武人)이라는 자부심으로 답을 기대했지만, 공자의 대답은 예상 밖이었다.

"맨손으로 호랑이를 잡고, 맨발로 황하를 건너다 죽어도 뉘우침이 없는 자와는 나는 함께하지 않을 것이니, 반드시 일에 임하여 두려워하며, 도모하기를 좋아하여 성취하는 자와 함께 할 것이다(暴虎馮河, 死而無悔者, 吾不與也, 必也臨事而懼, 好謀而成者也)."

공자는 자로를 사랑했으나, 그 사랑을 드러내지 않았다. 그것은 스승의 교수법이자, 자로를 지나치게 앞서 나가지 않도록 하기 위한 장치였다.

자공(子貢), 본명 단목사(端木賜)는 위(衛)나라 사람으로 공자보다 31세 연하였다. 그는 재물과 외교에 뛰어난 수완을 발휘했으며, 인간적으로도 원만했다. 자공(子貢)은 공자의 수제자로 알려졌으며, 위나라 출신의 부유한 상인으로서 말재주가 뛰어난 인물이었다. 공자보다 서른한 살이나 어렸지만, 『논어』의 482장(章) 가운데에서 자공이 등장하는 장은 대략 40여 개로서 제자 중 자로 다음으로 가장 많은 관련 장을 남기고 있다. 『논어』에서 자공이 자주 던지는 질문은 공자의 제자 중 누가 더 나은지를 비교하는 것이었는데, 이 반복적인 비교는 단순한 호기심이 아니라 자공의 성격적 특질을 상징적으로 보여주는 것이다. 그 대표적인 장면이 『논어』「선진(先進)」편에 등장한다. 자공이 공자에게 "자하와 자장 중에 누가 더 어집니까?" 라고 묻자, 공자는 "자장은 지나치고 자하는 미치지 못한다(子張之過也, 子夏之不及也).”라고 말한다. 이에 자공이 다시 묻는다. “그렇다면 자장이 더 낫습니까?” 그러자 공자는 짧게 대답한다. “지나침은 미치지 못함과 같다(過猶不及).” 이 간결한 대답은 공자의 가치관을 집약적으로 보여준다. 공자는 어떤 특질이 ‘지나치다’라거나, ‘미치지 못한다’라는 이분법적인 비교를 넘어, 균형과 중용을 추구하는 뜻을 분명히 밝힌다. 이는 자공의 흑백 논리적 사고(이분법적 사고)에 일종의 심리적 경고를 보내는 것으로 볼 수 있다. 현대 심리학의 사회적 비교 이론(social comparison theory)을 떠올리게 한다. 레온 페스팅거(L. Festinger)는 인간이 자신의 능력이나 사회적 위치를 평가할 때 타인과의 비교를 필연적으로 수행한다고 보았는데, 자공은 바로 그 대표적인 예이다.

당시 노(魯)나라 대부 숙손무숙(叔孫武叔)은 “자

공이 공자보다 낫다(子貢賢於仲尼).”고까지 했다. 진자금(陳子禽) 역시 “중니(仲尼)가 어찌 당신보다 낫겠는가(仲尼豈賢於子乎)?”라고 자공 면전에서 말했다. 이는 자공이 세상에서 받은 평가가 얼마나 높았는지를 보여준다. 그러나 자공은 자신도 고백한 것처럼 “하나를 알면 겨우 둘을 아는” 단계에 있었다. 공자는 「先進(선진)」편에서 자공과 안회를 비교하면서 “회(回)는 도(道)에 가까웠으나 자주 궁핍하였다. 사(賜)는 천명을 받아들이지 않고서도 재화를 늘여 갔으나 짐작을 하면 자주 적중했다(回也其庶乎, 屢空. 賜不受命, 而貨殖焉, 億則屢中).”

자공의 이재(理財) 능력은 시세차익을 노린 투기의 적중이 아니라 짐작의 적중, 말하자면 자신이 가진 잡다한 지식과 경험의 개연성에서 유추할 때 적중하는 경우가 많았다는 것이다. 결국 공자는 안회 사후에도 자공에게 의발(衣鉢)을 전하지 않았다. 대신 증삼(曾參)에게 전하였다. 자공은 끝내 '호련(瑚璉)'으로 불렸다. 호련은 제왕이 하늘과 땅에 제사할 때 사용하는 가장 귀한 그릇이다. '군자불기(君子不器)'의 원칙에서 보면, 공자가 보기에 자공은 군자(君子) 그 자체라기보다는 군자의 뜻을 담는 그릇에 가까웠다. 그런데도 자공은 공자 사후, 묘소 곁에 여막을 짓고 6년간 상을 치렀다.

안회는 '안빈낙도(安貧樂道)'를 삶으로 구현한 인물이었다. 자로는 꾸지람 속에서도 끝까지 스승을 지켰다. 자공(子貢)은 세상과 스승을 연결하며 공문(孔門)의 외교관이자 재정가로서 역할을 다했다. 공자의 학단은 이 세 사람의 서로 다른 빛깔의 헌신 위에 서 있었다.

제8장

유학의 왜곡과 일본 군국주의의 싹

중국 고대에서 ‘이단(異端)’은 본래 상반된 두 끝, 즉 ‘다름’을 의미하는 중립적 개념이었다. 하지만 시간이 지나면서 이단은 단순한 차이를 넘어, 사상적·철학적 위협으로 간주하는 부정적 의미를 띠기 시작했다. 초기에 공자는 『논어』「위정」편에서 “이단을 공격하는 집착은 오히려 해롭다(攻乎異端, 斯害也已).”라고 말하며, 이단에 대한 맹목적 배척을 경계했다. 『논어』「자장」편에서도 “비록 소도(小道)라 할지라도 반드시 볼 만한 점이 있다(雖小道, 必有可觀者焉).”라고 하여, 예악과 정치 이외의 분야에도 의미 있는 가르침이 존재함을 인정했다. 이 시기의 이단 개념은 결코 폄하 일변도가 아니었다.

그러나 상황은 변화했다. 순자(荀子)는 처음으로 이단을 '사악한 설'(邪說)과 연결 지어 비판했고, 이는 후대 유학자들이 이단을 윤리적으로도 타락한 사상으로 간주하게 만드는 인식의 전환점이 되었다. 한대(漢代)에 들어 유학(儒學)이 국가 이데올로기로 자리 잡자, 유학과 다른 철학이나 사상은 이단으로 분류되며 점차 배척되었다. 특히 송대 이후 이른바 '도통(道統)' 개념이 등장하면서, 유가적 정통을 지키기 위한 명분 아래 불교·도교·제자백가의 사상은 본격적으로 이단으로 규정되었다. 주희는 『논어집주(論語集註)』에서 "이단은 성인의 도가 아니며, 따로 갈래를 만드는 것이다. 양주(楊朱)와 묵자(墨子)가 그 예다(異端爲非聖人之道, 而別爲一端, 如楊墨是也)."라고 하며, 유가 질서를 부정하는 자들을 비판했다. 양주는 이기적 '위아(爲我)'를, 묵가는 무차별한 '겸애(兼愛)'를 주장해 군신과 부자의 질서를 무너뜨린다고 여겨졌다. 맹자는 이러한 상태를 "아버지도 없고 임금도 없는 상태(無父無君)."라고 표현하며, "이는 짐승과 다름없다(是禽獸也)."라고 단호하게 비판했다.

송 명리학은 이단에 대한 비판을 더욱 공고히 했다. 정호(程顥)는 "불로(佛老)의 해악이 양묵보다 더 심하다(佛老之害甚于楊墨)."라며 불교와 도교를 유학의 가장 위험한 적으로 규정했다. 불가는 인간관계를 파괴하고(毁人倫), 육체를 부정하며(去四大), 도가는 현실적 실천을 외면한다고 비판되었다. 이는 유학의 핵심인 '체용합일(體用合一 : 본질과 현상, 이치와 실천, 원리와 응용, 정신과 육체가 나뉘지 않고 하나로 작동한다는 의미)'과 배치된다고 여겨졌다. 또한 신불해(申不害), 한비자(韓非子) 같은 법가의 사상가들은 그 권위주의적 통치 사상 때문에 유학적 가치에 반하는 이단으로 지목되었다. 명대의 이지

(李贄, 1527~1602) 또한 한때 반유학자로 규정되었으나, 오늘날 그는 오히려 유학 내부의 비판자로 재조명되고 있다. 이단에 대한 비판은 단순한 학문적 거부를 넘어 윤리, 정통성, 국가 이념의 문제와 깊이 얽혀 있었다.

송대의 구양수(歐陽脩)는 불교를 “군신을 버리고 부자관계를 끊는다(棄君臣, 絶父子).”라며 사회질서를 해체하는 위협으로 보았고, 사마광(司馬光)은 “불교가 경제를 갉아먹고 국가 재정을 탕진한다.”고 주장했다. 이에 따라 송 명리학자들은 ‘도통의 재건’을 목표로 유학을 새롭게 조직하였다. 장재(張載)와 정호(程顥), 정이(程頤) 형제는 기체론과 성리설을 통해 유학의 철학적 기반을 강화하며, 불교와 도교를 이단의 핵심으로 규정하고 철저히 배척했다. 그러나 이단의 범주 규정은 결코 일관되지 않았다. 왕기(王畿, 1498~1583)는 세속적 유학조차 이단으로 보았고, 주희 역시 이단을 분류할 때 명확한 기준을 세우지 못했다. 더욱이 유학이 배척하던 불교와 도교의 심성론이 오히려 유학 내부로 흡수되면서, "탕은 바뀌었으나 약은 그대로(換湯不換藥)."라는 비판도 일었다.

이처럼 이단의 개념은 시대와 학파에 따라 달라지며, 고정된 기준으로 정의하기 어려운 것이었다. 선진 시대의 공자는 다양한 학설과 공존했으나, 순자는 이러한 사상들을 사악한 것으로 규정했다. 한·당 시대에는 정치적 정통성의 명분 아래 공인 유학 이외는 이단으로 배척되었고, 송·명 시대에는 도통 수호의 철학적 명분이 이단 규정의 중심이 되었다. 청대에 이르러선 성리학 자체에 대한 회의가 제기되었고, 예컨대 안원(顏元, 1635~1704)은 "현실과 무관한 학술은 모두 이단"이라 비판하며 공허한 성리학을 문제 삼았다. 이처럼 고대 중국에서 이단은 단순한 사상적 다름이 아닌, 도통 수호와 정치적 정당성의 기준이었다. 공자의 '지식의 편중에 대한 경계'는 이후 한대의 백가 배척, 송명의 불·도가 배격으로 이어지며, 유가 중심의 사상 체계 속에서 긴장과 역동의 축을 형성했다. 특히 송명 시기 이단은 학문을 넘어 정치 질서 수호의 도구로 기능하였고, 청대에 이르러서야 그에 대한 비판과 반성이 시작되었다.

이러한 이단의 역사적 흐름 속에서, 일본 에도 시대의 유학자 야마자키 안사이(山崎闇齋, 1619~1682)는 또 다른 전환점을 만든다. 그는 주자학의 대가로 칭송받았지만, "공자와 맹자가 일본을 침공하면 무기를 들고 그들을 포로로 잡아라."라는 말을 남김으로써 유학 정신을 왜곡한 대표적 인물이 되었다. 이는 단순한 수사가 아닌, 유학을 일본 국체주의의 도구로 전락시킨 결정적 사상적 전환이었다. 조선의 실학자 이덕무는 그를 '일본의 주자'라 불렀으나, 안사이가 보여준 것은 주자학의 계승이 아닌, 유학 정신의 해체였다. 공자와 맹자의 핵심 사상은 '덕으로 다스리는 정치'였으며, 공자는 "덕으로 정치를 하는 자는 북극성과 같아서, 제자리에 머물러 있어도 뭇 별들이 그를 중심으로 돈다(爲政以德, 譬如北辰, 居其所而衆星共之)."라고 말했다. 무력보다 교화, 경쟁보다 화목을 중시했던 공자의 가르침은, 정의롭고 방어적인 상황 외에는 전쟁을 허용하지 않았다. 맹자 또한 '왕도정치'를 주장하며, 통치의 정당성은 오직 백성의 마음에 있다고 했다. "천하를 얻는 길은 백성을 얻는 데 있다."라는 그의 말은 국가 간의 질서 또한 민중의 삶과 도덕을 우선시해야 함을 뜻했다. 하지만 안사이는 이 같은 보편 윤리를 일본 국가에의 충성으로 환원시켰다. '수기치인(修己治人)'에서 '치인'은 천황에 대한 복종으로, '수기'는 윤리적 성찰이 아닌 충성을 위한 자기 수양으로 변질되었다. 이는 맹자의 "백성이 군주보다 귀하다."는 사상과는 완전히 어긋난 해석이었다. 안사이는 공자의 '충(忠)'을 도리에 입각한 간언이 아닌 절대복종으로 바꾸었다. 그의 유학은 인과 의를 버리고 국가 권력에 봉사하는 이념으로 탈바꿈했다. '효(孝)' 역시 가족과 사회를 넘어 인류애로 확장되는 윤리였으나, 안사이는 이를 국가 질서 유지의 수단으로 좁히고, 외국에 대한 '효'는 배제했다. 이러한 왜곡은 치명적 결과를 낳았다. 제자들은 유학을 군국주의 윤리로 변모시켰고, 요시다 쇼인(吉田松陰, 1830~1859)은 대동아공영론을 주장하며 침략을 도덕화했다. 미토학파(水戸学派)는 천황을 신격화하고 전쟁을 신성한 사명으로 만들었다. 메이지 유신 이후, 유학은 전쟁을 '도덕적 의무'로 포장하는 국가주의의 윤리 도구가 되었다. 청년들이 '천황의 은혜에 보답하기 위해' 목숨을 바쳤고, 효는 충으로 대체되었다. 안사이의 유학은 더 이상 도덕을 위한 학문이 아니라, 폭력을 정당화하는 윤리적 면죄부로 전락한 것이다. '천황은 현인신(現人神)'이라는 말은 그 절정이었다. 결국 안사이의 '공맹 포로론'은 유학을 권력의 수단으로 만든 사상적 비극이었다. 공자가 말한 "무력 없이도 천하를 다스리는 길"은 도덕이 지닌 궁극적 힘을 의미한다.

안사이는 이 원리를 철저히 배반했다. 그는 "공자의 덕으로 일본을 지키겠다."라고 말했어야 했으나, 결국 공자의 형상만 남기고 그 정신은 철저히 외면했다.

진정한 유학은 인간 중심의 윤리이며, 국경을 넘는 보편적 가치이다. 공자의 인(仁)은 인류를 향하고, 맹자의 왕도는 민심을 우선시한다. 오늘날 동아시아가 안사이식 왜곡을 극복해야 하는 이유는 여기에 있다. 유학이 다시 살아나기 위해선 국가 이데올로기가 아닌, 사람을 위한 도덕으로 복귀해야 한다. 공자는 말했다.

"천하에 도가 있으면 나아가고, 도가 없으면 물러난다(天下有道, 則見, 無道, 則隱)." 이 말은 지금 우리에게 묻고 있다. 진짜 유학은 권위를 따르는 것이 아니라, 도리를 따르는 실천이다. 국가가 아닌 인간을 중심에 두는 순간, 유학은 다시 그 본래의 빛을 되찾을 수 있다.

제9장

동양고전 독서법

동양고전을 읽는 것은 단순한 고문 해독이 아니다. 한 시대의 정신을 따라 걷는 일이며, 스스로 마음을 들여다보는 고요한 수행이다. 예전 서당에서는 모두가 '쇄소응대(灑掃應對)'로 배움을 시작했다. '마당을 쓸고 물을 뿌리는 일부터 스승의 물음에 바르게 응답하는 법'까지. 고전 공부는 책상 위 지식이 아니라 몸과 마음을 함께 단련하는 일이었다. 문장을 입으로 읽고 귀로 들으며, 뜻을 모르더라도 리듬과 기운으로 먼저 익혔다. 글은 음과 의의 결합이며, 삶과 품격의 바탕이었다.

나는 그런 교육을 직접 받지 못했다. 그러나 늦은 나이에 고전의 문을 다시 두드릴 기회가 있었다. 코엑스에서 열리던 무료 강독회, 구경서숙(久

敬書塾)에서 만난 이가 난원(蘭畹) 김병애(金炳愛) 박사였다. 당시 선생님의 진도는 『시경(詩經)』과 『춘추좌씨전(春秋左氏傳)』으로 시작되었고, 나는 문턱 하나 넘지 못한 채 수년을 맴돌았다. 지금 돌이켜 보면, 마치 초등학생이 대학원 강의를 듣는 듯했다. 한문 한 글자 제대로 읽지 못했지만, 마음만은 이상하게 그 자리에 머물렀다. 어쩌면 그 무지의 시절이야말로 내가 고전과 진심으로 만났던 때였는지도 모른다. 그때의 나는 뜻보다 소리를 먼저 들었고, 의미는 더디게 스며들었다. 고전이 내 삶에 뿌리내린 것은 이해의 결과가 아니라, 오래 견뎌낸 시간 덕분이었다.

스승 한송(寒松) 성백효(成百曉) 선생님은 초학자는 다음과 같이 읽어야 한다고 말씀하셨다.

"먼저 주흥사(周興嗣)의 『천자문(千字文)』, 이어

『소학(小學)』, 그리고 『자치통감(資治通鑑)』으로 기초를 다진다. 그 후에야 비로소 『대학(大學)』, 『논어(論語)』, 『맹자(孟子)』, 『중용(中庸)』, 그리고 『시경(詩經)』, 『서경(書經)』, 『주역(周易)』, 『춘추(春秋)』, 『예기(禮記)』, 『국어(國語)』, 『공자가어(孔子家語)』, 『근사록(近思錄)』으로 나아간다. 더 나아가 『고문진보(古文眞寶)』, 『노자(老子)』, 『장자(莊子)』, 『순자(荀子)』, 『묵자(墨子)』, 『자치통감강목(資治通鑑綱目)』, 『사기(史記)』, 『한서(漢書)』를 읽어라."

나는 이것이 옳은 순서인지는 모른다. 그러나 적어도 나 자신에게는 스승이 이끌어 주셨던 이 길이 가장 튼튼한 뿌리가 되었다. 고전은 빠르게 읽는 글이 아니다. 한 문장을 오래 붙들고 그 안에 깃든 마음과 시대를 더듬는 일이다. 한 줄을 깊이 읽는 사람이 한 생을 올곧게 살아낸다. 다만 차례를 정하여 공부하는 순서는 그 공부하는 당사자의 뜻과 재주에 달려 있을 뿐이다. 고전은 억지로 끌고 가는 것이 아니라 삶과 나란히 걸어가야 비로소 자기 것이 된다.

주자께서도 독서법에 대해 다음과 같이 말씀하셨다.

> "몸을 바르게 하고 서책을 대하여 한 글자 한 글자 상세하고 천천히 읽되, 자세하고 분명하게 읽어야 한다. 한 글자 한 글자 낭랑한 소리로 읽되, 한 글자도 잘못 읽거나 빠뜨려서는 안 되며, 덧붙여 읽거나 순서를 바꾸어 읽어서도 안 된다. 억지로 외우려 하지 말고, 다만 여러 번 많이 읽어서 자연히 입에 오르게 되면, 오래되어도 잊지 않게 된다."

또 옛사람은 이렇게도 말하였다. "책을 백 번 읽으면 그 뜻이 저절로 드러난다(讀書百遍 義自見)."

이는 곧 독서가 단지 지식 습득의 행위가 아니라 마음과 몸이 함께하는 정진임을 일깨워준다. 주자는 다시 말씀하셨다.

> "독서에는 세 가지 집중할 것이 있으니, 마음을 집중하고, 눈을 집중하고, 입을 집중해야 한다(讀書有三到, 謂心到, 眼到, 口到)."

우리나라의 대표적인 유학자인 이황(李滉)은 "독서의 요체는 성현의 언행을 마음에 본받아서 조용히 찾고 가만히 익힌 뒤에라야, 비로소 학문을 진전시키는 공력을 기를 수 있을 것이다. 만약 바쁘게 넘어가고 예사로 외기만 할 뿐이라면, 이것은 장구(章句)를 들은 대로 말하는 나쁜 버릇에 불과하다. 비록 천 편을 다 외고 머리가 희도록 경(經)을 이야기한들 무슨 이익이 있겠는가?"라고 하였다.

고전은 독서 이전에 먼저 자세이고, 이해 이전에 먼저 마음이다. 그것은 오늘을 사는 우리가 다시 찾아야 할 '앎'의 태도이며, 내면을 닦는 길이다. 조선의 선비들에게 독서란 단순한 지식 습득이 아니라 성현의 길로 향하는 수행이었다. 그들은 책을 펼치기 전 먼저 마음가짐부터 바로 세웠는데, 『채근담(菜根譚)』의 가르침처럼 "책을 읽을 때는 성현을 사모하고, 학문을 강론할 때는 몸소 실천하며, 벼슬에 있을 때는 백성을 사랑하고, 사업을 세울 때는 덕을 심어야 한다(讀書希聖, 講學躬行, 居官愛民, 立業種德)."를 실천했다. 이러한 자세가 없다면 성현을 못 보고 글자만 읽어 책의 노예가 되거나, 백성 사랑 없이 의관을 걸쳐 도둑과 같아지며, 실천 없는 학문은 헛된 말에 불과하고, 덕이 없는 업은 눈앞의 꽃처럼 금세 시들 것이라 경계했다.

방대한 경전 앞에서 좌절하기 쉬운 후학들을 위해 안정복(安鼎福)은 구양수(歐陽脩)의 계산법을 제시했다. 사서오경(四書五經)의 글자 수를 모두 합치면 약 47만 4천 자인데, 하루에 300자씩 외우면 1,580일, 즉 약 4년 반이면 모두 암송할 수 있으며, 재주가 둔해 절반 속도라도 9년이면 완성된다는 것이다. 이 계산은 선비들에게 방대한 경전도 쪼개면 반드시 완독 가능하며, 속도보다 꾸준함이 곧 완성이라는 확신을 주었다. 이익(李瀷) 역시 경전은 반드시 외워야 한다며 속독보다는 완전 암송을 목표로 삼을 것을 강조했다. 조선 선비들의 학문은 어린 시절부터 체계적으로 시작되었다. 사마광(司馬光)의 『독서기(讀書記)』와 이익(李瀷)의 기록에 따르면, 4세부터 7세까지는 『효경』과 『논어』를 배우고, 8세에 『시경』과 『상서(尙書)』, 11세에 『주역』, 12세에 『춘추좌전』과 『국어』, 13세에 『주례(周禮)』와 『예기(禮記)』를 익힌 뒤 제자백가와 역사서로 확장해 나갔다. 특히 주석 없이 원문만 먼저 암송하는 방식을 택했는데, 이는 어릴 때 기억력이 왕성하니 이해보다 암기를 우선시하여 나중에 주석과 뜻풀이로 보충한다는 전략이었다. 독서의 폭을 넓히기 위해 이덕무(李德懋)는 경전과 역사서를 병행하라 했다. 하루에 경전 3쪽, 역사서 20쪽을 읽으면 3년이면 경전과 역사 모두 1회 독이 가능하다는 것이다.

무엇보다 조선의 선비들은 실천이 없는 독서를 경계했다. 채제공(蔡濟恭)은 "한 글자를 읽으면 한 글자를 실천하라(一字讀, 一字行).", "한 자의 독서보다 한 치의 실천이 낫다(一字讀, 不如一寸行)."고 단언했다. 이는 단순한 도덕 훈계가 아니라 학문이 세상을 바꾸는 힘을 가지려면 생활 속에서 쓰여야

함을 경고하는 말이었다. 글방 안에서만 머무르는 학문을 경계하며, 독서의 최종 목적은 수기치인(修己治人), 곧 자신을 닦고 남을 다스리는 데 있다고 보았다.

그의 구체적인 실천을 위한 일일 독서 계획은 다음과 같다. 하루 글자 수 목표로는 경전 300자 암송과 역사서 20쪽 읽기를 설정하고, 10일마다 복습 일을 두어 앞부분을 다시 암송한다. 오전에는 경전으로 기본 도리를 익히고 오후에는 역사서로 세상과 인물을 공부하며, 1회독 후 주석서로 의미를 파악한다. 그리고 하루에 배운 내용을 실제 생활에 적용한 예를 짧게 기록한다. 이런 방식으로 3년이면 경전과 역사 1회독, 9년이면 완전 암송이 가능하다. 이 모든 과정의 핵심 원칙은 네 가지로 요약된다. 양(量)에서는 직게 쪼개어 하루 300자로 부담을 줄이고, 성(誠)에서는 외우되 뜻을 새기며, 행(行)에서는 배운 즉시 실천하고, 종(終)에서는 중도에 끊지 않는 것이다. 조선의 선비들이 즐겨 쓴 "학문에 지름길은 없다(學無捷徑)."라는 말은 하루 한 걸음이 십 년 뒤 천리(千里)가 된다는 신념을 뜻한다. 오늘날 우리는 방대한 정보를 쉽게 접하지만 깊이 있게 익히고 실천하는 힘은 오히려 약해졌다. 조선 선비들의 독서 훈련이 '많이'보다 '꾸준히'와 '실천'을 우선시했던 까닭이 여기에 있다. 매일 같은 시간, 그리고 생활 속 적용이라는 단순한 원칙이야말로 고전을 살아 있는 지혜로 만드는 길이었다.

제10장

유교(儒敎)는 종교인가?

주지하는 바와 같이 유학(儒學)의 시조(始祖)는 공자(孔子)이다. 공자에 이어 맹자(孟子)와 순자(荀子)가 나와 교의(教義)를 세웠다. 그러나 공자 사후 유가의 정통 계승 문제는 단순치 않았다. 『맹자』「공손추」와 『사기』「중니제자열전」에 따르면, 일부 제자들이 외모와 언행이 공자와 흡사한 유자(有子: 有若)를 후계로 세우려 했으나 증자(曾子)가 "(그렇게 하는 것은) 안 됩니다. 설령 장강과 한수로 깨끗이 씻고, 가을 햇볕에 바짝 말린다 해도, 이미 새하얗고 깨끗하여 더 보탤 것이 없습니다(不可…江漢以濯之, 秋陽以暴之, 皜皜乎不可尚已)."라며 강력 반대했다. 결국 증자가 도통을 이어받아 『대학』을 저술하고 수신제가치국평천하(修身齊家治國平天下)의 틀을 마련했으며, 맹자는 이를 계승해 성선론(性善論) 학파를 확립했다. 맹자는 『맹자』에서 증자를 공자의 도통(道統)을 이은 진정한 계승자로 명시하였고, 송대의 주희 또한 그를 공문(孔門) 정통의 핵심 인물로 평가했다. 이는 유가가 초기부터 사상적 다양성과 계승의 방향을 둘러싼 논쟁을 내포하고 있었음을 보여준다. 결과적으로 증자의 승리는 유가가 도덕 실천과 심성 수양을 중심으로 발전하는 토대를 마련했으며, 이는 후대 성리학의 두 큰 줄기인 정주이학(程朱理學)과 육왕심학(陸王心學)의 사상적 근간이 되었다. 송대의 유학자들은 불교의 출가 제도를 "인간관계를 파괴하고(毁人倫), 육체를 부정한다(去四大)."라고 비판하며, 혈연과 종법(宗法)을 해체하는 행위로 지적하였다. 파출백가독존유술(罷黜百家, 獨尊儒術)은 중국 한나라의 한무제(漢武帝) 시대에 시행된 사상적 정책으로, 유학

(儒學)을 국가의 주된 이념으로 삼고 다른 모든 학문과 사상을 배척하는 내용을 담고 있다. 이 정책은 동중서(董仲舒)의 제안에 따라 시행되었으며, 유학 외의 모든 학문을 '파출'(배척)하고 유학을 '독존'(독립적으로 존중)하자는 의미를 가지고 있다. 한대 이후(漢代以後) 위진남북조(魏晉南北朝)와 수·당 시대(隋·唐時代: 대략 3세기~9세기)에는 주류이념(主流理念)이 유학에서 도교(道教)·불교(佛教)로 전이(轉移)되었다. 당시 지식인 계층은 도교와 불교를 형이상학적 영역에 위치시켰고, 유학은 사회·정치적 실천에 적용되는 형이하학적 영역에 두었다.

신유학(新儒學)은 송나라(960~1279)와 명나라(1368~1644) 시기에 발전한 유학의 새로운 흐름을 의미한다. 이 시기의 유학은 기존의 유학 전통을 계승하면서도 불교(80%)와 도교(10%)의 사상을 수용하고, 이를 바탕으로 새로운 철학적 체계를 구축

했다. 신유학은 도덕적 가치와 이성을 통합하여 인간의 도덕적 삶을 강조했다. 신유학은 고전 재해석, 도덕성과 이성의 통합, 그리고 사회적 변화에 부응하는 사상적 다양성을 특징으로 하며, 조선과 일본 등 동아시아 전역에 깊은 영향을 미쳤다.

유학이 공자의 학설과 사상을 근원으로 하는 학문을 일컫는다면 유교(儒教)는 유학을 종교적 관점에서 이르는 말이다. 이는 당시 유행한 불교와 도교에 대응해 붙여진 이름이다. 일반적으로 종교의 구성 요건이라면 교리(教理)와 계명(誡命)과 의식(儀式)을 들 수 있는데, 그 가운데 중심은 당연히 교리일 것이다. 종교의 교리에는 우선 신격화된 전지전능한 절대자의 존재가 종교적 신앙의 대상으로 정립되어 있어야 한다. 한데 공자는 비록 그 덕망이 지극히 높아 후세에 인류의 위대한 스승인 '세계 사대성인'의 한 분으로 숭앙받고 있지만, 일반인들은 말할 것도 없고 사대부들조차도 공자를 예수나 부처 같은 신(神)적인 절대자로 인식하지는 않는다. 유학이 종교가 아니라는 그 핵심 논거는 아래와 같다.

첫째, 유교는 초월적 존재나 신격(神格)의 실재를 인정하지 않으며, 공자 자신도 이를 철저히 회피하였다. 『논어』「술이(述而)」편에는 "선생님은 괴이한 것, 힘쓰는 것, 어지러운 것, 귀신을(神) 말하지 않았다(子不語怪, 力, 亂, 神)."라는 구절이 나온다. 이는 공자가 초자연적 현상이나 신령한 존재를 교육과 실천의 대상으로 간주하지 않았음을 명확히 보여준다. 전통 유학자 전목(錢穆)은 『논어신해』에서 "공자는 사람을 가르칠 때, 모두 인간의 일상생활 속의 일을 최우선으로 삼았으며, 귀신이나 허무한 경지를 추구하도록 가르치지 않았다(孔子敎人, 皆在人生日常事爲上, 不敎人追求鬼神虛無之境)."

라고 해석하여, 공자가 귀신이나 허무한 경지를 추구하도록 가르친 적이 없음을 분명히 했다. 종교학의 세계적 권위자인 미르체아 엘리아데(Mircea Eliade) 역시, "종교의 핵심은 '성스러움(聖)'의 체험에 있으나, 논어에는 초월적 신성과의 접촉을 추구하는 기술이 전혀 없다."고 지적함으로써 유교의 비종교성을 강조한다.

둘째, 유교는 사후 세계나 구원론을 회피하며, 인간 삶의 윤리에 집중한다. 『논어』「선진(先進)」편에서 "능히 살아있는 사람을 잘 섬기지는 못할지언정 어떻게 능히 귀신을 섬기겠는가(未能事人, 焉能事鬼)?", "삶도 모르는데, 어찌 죽음에 대해서 알겠는가(未知生, 焉知死)?"라고 하여 공자가 삶과 죽음, 인간과 귀신 중에서 오직 인간 삶에 집중했음을 드러낸다. 주희는 『논어집주』에서 "살아가는 도리(生之道)에 주목하셨으니, 허망한 내세보다 실천적 삶을 중시하신 것이다."라고 주석하였다. 종교 철학자 존 힉(John Hick)도 "모든 종교는 사후 세계에 대한 명확한 교의를 갖추고 있으나, 유교는 이를 의도적으로 회피한다. 이는 종교적 구원론의 부재를 의미한다."고 분석한다. 이처럼 유교는 인간이 어떻게 살아야 하는가를 탐구하지, 죽음 이후의 구원을 추구하지 않는다.

셋째, 유교에서 제사(祭祀)는 초월적 신에게 기복(祈福)을 비는 행위가 아니라, 인간의 도덕성과 예절을 실현하는 의례이다. 『논어』「팔일(八佾)」편에 등장하는 "제사는 마치 계신 듯이 하고, 신에 제사 지낼 때는 마치 신이 계신 듯이 하라. 공자께서 말씀하셨다. 내가 제사에 참여하지 않으면 제사 지내지 않은 것과 같다(祭如在, 祭神如神在. 子曰: '吾不與祭, 如不祭')."라는 구절은 제사 행위가 외형적으로 신이 존재하는 것처럼 예를 다해 행해져야

함을 강조하지만, 그 본질이 신앙적 행위가 아님을 시사한다.

넷째, 유교가 말하는 '천(天)'은 종교적 신격이 아니라 자연과 윤리의 원리를 상징한다. 『논어』「양화(陽貨)」편에 나오는 "하늘이 무슨 말을 하던가? 사계절이 운행되고, 만물이 자라나는데, 하늘이 무슨 말을 하던가(天何言哉? 四時行焉, 百物生焉, 天何言哉)?"라는 문장은, 하늘이 아무 말도 하지 않으면서도 자연의 질서를 운행하고 있음을 말하며, 하늘이 계시하거나 개입하지 않는다는 관점을 나타낸다. 중국의 학자 이택후(李澤厚)는 "유교의 '천(天)'은 기독교의 'God'와 달리 자연 법칙을 상징하며, 계시나 기적을 내리지 않는다."라고 밝히면서, '천'은 자연적·윤리적 질서를 의미한다고 해석했다.

다섯째, 유교가 추구하는 궁극적 목적은 내세가 아닌 현실 질서의 구현이다. 『대학(大學)』에 나오는 '수신제가치국평천하(修身齊家治國平天下)'는 유교적 수양의 전 과정을 함축한 말로, 개인의 수양(修身)에서 시작하여 가정의 안정(齊家), 국가의 통치(治國), 천하의 평화(平天下)에 이르는 질서의 완성을 말한다. 유교의 궁극적 목적은 "현실 사회의 질서 구현이지, 내세나 극락이 아니다. 이는 종교와의 근본적 차이다."라고 분석하였다.

이러한 논거들을 종합적으로 검토한 결과, 학계의 권위자들은 유교를 종교가 아닌 인문철학으로 정의한다. 유네스코가 발간한 『세계종교백과』에서도 유교(Confucianism)는 종교로 분류되지 않으며, 윤리철학으로 규정된 바 있다. 요컨대, 유교는 초월적 존재에 대한 신앙, 내세 구원, 신의 계시라는 종교의 핵심 요소를 모두 결여하고 있으며, 유교가 종교가 아니라 철저히 인간 중심의 인문학적 윤리 체계임을 일관되게 증명하고 있다.

제11장

한글과 한자의 공존, 문식력 회복의 열쇠

두발자유화를 '머리카락을 마음대로 기르는 자유'가 아니라 '자유롭게 두 발로 걷는 것'이라고 이해하는 학생이 있다. 가로등을 보고 "왜 세로로 서 있는데 가로등이냐?"고 묻는 학생, '시장이 반찬'을 '시장에 가면 반찬이 많다.'로 풀이하는 학생도 있다. 심지어 '사건의 시발점'이라는 말을 욕설로 받아들이고 항의하는 경우도 있다. '금일'을 금요일로, '사흘'을 4일로 오해하는 일도 드물지 않다. 이런 장면은 웃어넘길 일이 아니라, 우리 사회의 문식력(文識力: 문장을 읽고 쓰는 능력) 저하를 단적으로 보여주는 징후이다.

최근 OECD 국제성인역량조사(PIAAC) 결과는 이 우려를 통계로 확인시켜 준다. 2025년 발표 자료에서 한국 성인의 언어능력 평균 점수는 249점으로, OECD 평균(260점)을 크게 밑돌았다. 더욱 심각한 것은 10년 전 273점에서 무려 24점이나 하락했다는 사실이다. 문식력 하락은 단순히 책을 덜 읽는 문제가 아니다. 사회 전체의 의사소통 능력, 비판적 사고력, 공적 담론의 질과 직결된다.

전문가들은 그 원인 중 하나로 한글 전용 정책 이후 가속화된 어휘력 감소를 지적한다. 실제로 한국인의 상용 어휘 수는 1956년 3만 단어에서 1980년에는 7천 단어 수준으로 줄었다. 단어 수가 줄면 생각을 표현하는 폭과 깊이도 함께 좁아진다. 그중에서도 한자어 사용 감소가 특히 치명적이었다. 한국어 어휘의 60~70%를 차지하는 한자어가 줄어들면, 사회 전반의 언어 능력이 약화될 수밖에 없다. 한자 학습은 단순한 고전 취미가 아니다. 문식력 향상에 직결되는 교육이다. 한자를

공부하면

첫째, 어휘력이 확장된다. '발전(發展)'과 '발달(發達)'의 차이, '경제(經濟)'와 '교육(敎育)'의 구성 원리를 이해하면 낯선 단어도 유추해 해석할 수 있다.

둘째, 문맥 이해와 추론력이 좋아진다. 한자를 통해 단어의 어원과 구조를 이해하면 글 전체의 맥락을 잡는 능력이 커진다.

셋째, 한자는 형성문자가 주류를 이루지만, 또 뜻과 소리를 함께 담은 표의문자이기에, 학습 과정에서 분석력과 논리력이 자연스럽게 길러진다.

넷째, 한자는 한국의 역사·고전·문화유산과 긴밀히 연결돼 있어, 이를 배우면 문화적 배경지식이 넓어진다.

중국 한자(漢字)의 발전은 세계에서 가장 오래된 자생 문자 체계 중 하나로서 갑골문(甲骨文)에서 출발하여 설문해자(說文解字)에 이르기까지 완성된 이론적 체계를 갖추게 되었다. 한자는 단순한 기록 수단을 넘어서 중국 문명의 핵심적 기반이자 동아시아 문화권의 기초가 되었다. 한자의 기원은 갑골문(甲骨文)으로 거슬러 올라간다. 기원전 14세기에서 11세기에 이르는 상나라 말기, 수도가 은(殷)에 있었던 시기에 점복(占卜) 기록으로 소와 양의 견갑골(肩胛骨)과 거북의 복갑(腹甲)에 새겨진 문자가 바로 갑골문이다. 1899년 안양(安陽) 은허(殷墟)에서 대량 발견된 갑골문은 현존하는 가장 오래된 성숙한 한자 체계로서 약 4,500여 자가 확인되었으며 그 중 약 1,500자가 해독되었다.

갑골문의 특징은 강한 상형성(象形性)에 있다. 사람, 동물, 자연물 등을 직관적으로 묘사하여 해(日), 달(月), 산(山), 물(水) 등의 글자가 그 형태를 잘 보여준다. 또한 상형(象形), 지사(指事), 회의(會意),

형성(形聲)의 기본적인 조자원리(造字原理)가 이미 나타나지만 글자의 방향, 위치, 필획 수 등이 고정되지 않은 불안정한 구조를 보인다. 갑골문은 중국 문자의 실질적 기원이자 상나라 사회와 문화, 종교를 연구하는 1차 사료로서의 의의를 가진다.

갑골문에 이어 기원전 11세기부터 3세기까지 금문(金文)이 발전한다. 서주(西周)와 춘추전국(春秋戰國) 시대에 청동기인 종(鐘)과 정(鼎) 등에 주조된 명문(銘文)이 바로 금문이다. 금문은 갑골문의 날카로운 각진 필획보다 부드러워지고 글자 구조가 점차 통일되는 필획의 완만화와 안정화가 특징이다. 내용 면에서도 제사 기록 외에 전쟁, 계약, 상훈 등의 공적 사건으로 확장되었으며, 표현해야 할 개념이 늘어나 글자 수가 증가하고 형성자(形聲字)의 비중이 높아졌다. 금문은 갑골문과 대전(大篆) 사이의 교량 역할을 하며 문자의 실용성과 예술성을 동시에 강화하였다.

기원전 3세기에는 문자의 통일과 표준화가 이루어진다. 서주 말기부터 전국시대까지 진(秦)나라를 중심으로 사용된 '대전(大篆)' 또는 주문(籒文)은 석고문(石鼓文)이 대표적이며 필획이 굵고 구조가 복잡하다. 이어 등장한 소전(小篆)은 문자의 첫 번째 대통일을 이룬 성과물이다. 소전은 진시황(秦始皇)이 중국을 통일한 후 이사(李斯) 등이 주도한 서동문(書同文) 정책의 결과물로 탄생하였다. 소전의 특징은 글자의 형태와 필순, 필획 수가 통일된 엄격한 표준화에 있다. 선이 원활하고 균형 잡힌 장방형 구조를 취하며, 태산(泰山)의 이사비(李斯碑)가 대표적 예이다. 또한 상형, 지사, 회의, 형성, 전주(轉注), 가차(假借)의 육서(六書) 체계가 체계적으로 반영되었다. 소전은 한자 발전사상 최초의 전국적 표준 문자로서 문자 통일이 문화적이며 정치적 통합의 기초가 되었음을 보여준다.

한자 발전의 이론적 정립의 정점은 설문해자(說文解字)이다. 서기 100년부터 121년 사이에 후한(東漢)의 경학자 허신(許愼)이 약 21년에 걸쳐 편찬한 설문해자는 최초의 체계적인 한자 사전이다. 9,353개의 소전체 한자를 540개의 부수(部首)로 분류하여 수록하였으며, 육서 이론을 확립하여 각 한자를 상형, 지사, 회의, 형성, 전주, 가차의 여섯 가지 원칙에 따라 분석하고 정의하였다. 이는 조자법(造字法)과 용자법(用字法)을 포함하여 후대 한자 연구의 핵심 이론 틀이 되었다. 설문해자는 자형(字形)과 자음(字音), 자의(字義)를 해석하여 갑골문과 금문, 전서 등 고문자(古文)를 참조해 글자의 원래 형태와 본뜻을 추적하였다. 예를 들어 '王'을 '하늘과 땅, 인간을 연결하는 자'로 해석한 것이 그 사례이다. 설문해자는 한자학의 기초를 마련하여 한자의 구조와 발생, 변천을 체계적으로 연구하는 학문적 토대를 세웠으며, 갑골문 등 고대 문자 해독에 불가결한 교량 역할을 하였다. 또한 한자를 통해 중국 고대의 언어와 사상, 문화를 이해하는 근본 자료로서 문화 전승의 핵심이 되었다.

소전 이후에는 예서(隸書)에서 해서(楷書)까지의 발전이 이어진다. 한대의 예서는 소전의 곡선을 직선화하고 단순화하여 문자 사용의 효율성을 크게 높였다. 한자 필획의 기본 구조인 점(點), 횡(橫), 수(竪), 별(撇), 날(捺)이 확립된 전환점이 되었다. 위진남북조에서 당대에 이르는 해서는 예서를 더 정제하고 규범화한 현대 한자의 표준 서체로 자리잡았으며, 명확성과 실용성을 모두 갖춘 가장 보편적인 서체이다. 이와 함께 실용적 필기를 위한 행서(行書)와 예술적 표현을 위한 초서(草書)가 발전하였다. 이처럼 한자는 형성문자(形聲文字)로서의 특징을 가진다. 한자는 상형 문자에서 출발하여 점차 형성 문자 체계로 발전하였으며, 설문해자 수록자 중 형성자가 80% 이상을 차지하는 것이 이를 증명한다. 이는 추상적 개념과 복잡한 어휘를 효율적으로 표현하기 위한 필연적 진화였다.

세종대왕의 한글 창제 역시 한자 문화권 안에서 이루어졌다. 백성들이 한자를 쉽게 배우고 자기 말을 표기하도록 도와주기 위해 한글을 창제했다. 갑골문에서 소전, 설문해자에 이르기까지 한자는 단순한 부호가 아니라 문화의 DNA로 발전해 왔다. 한국어와 한글도 이 문화적 토대 위에서 자라났다. 따라서 오늘날의 문식력 위기를 극복하려면, 한글만이 아니라 한자와의 조화를 통한 어휘력 회복이 필수적이다. 풍부한 어휘는 사고의 깊이와 직결되며, 그것이 바로 글로벌 시대를 살아갈 언어 경쟁력이다.

제12장

한자 전쟁(繁簡之爭)

중화인민공화국 성립 후 한자를 간체화(簡體化)해서 쓰는 중국과 전통의 번체자(繁體字) 사용을 고집하는 대만 사이의 중국어 패권을 둘러싼 양안(兩岸) 경쟁은 '번간지쟁(繁簡之爭)'으로 불린다. 중국은 간체자 제창을 기본 입장으로 하면서도 번체자 사용을 전면적으로 반대하지 않는 유연한 태도를 보여 왔다. 1992년 장쩌민(江澤民) 국가 주석은 "모든 인쇄물에는 간체자만 사용하고, 양안의 한자 차이는 현상 유지하되 서예에는 번체자 사용도 무방하다."는 지침을 내렸다. 이는 조급하게 압박하지 않고 간체자 보급의 세를 키워 결국 문자 통일을 달성하려는 장기 전략의 일환이었다. 더 나아가 중국은 간체자 중국어를 전 세계로 확산시켜

'간체자 = 정통 한자'라는 인식을 굳히려 하고 있다.

반면 대만은 비록 중국 대륙과 국제사회에서의 공식 대표권을 상실했지만 스스로를 '중국문화 정통의 계승자'로 자임하며, 한자의 뿌리인 번체자를 지켜야 한다는 태도를 고수하고 있다. 이러한 맥락에서 2009년 1월, 마잉주(馬英九) 총통은 "수천 년 내려온 정통 한자에 필획을 더하지 않았는데도 번체자라고 부르는 것은 잘못"이라며, '번거롭다'라는 의미의 번체 대신 '바른 글자'라는 뜻의 '정체(正體)'라 불러야 한다고 주장하며, 2011년 6월부터 마잉주 총통의 지시로 정부 내 모든 공문서와 홈페이지에서 간체자를 완전히 배제하고 번체자만 사용하게 했다. 같은 해 6월 15일에는 교통부 관광국 홈페이지의 간체자 버전이 삭제되기도 했다. 이처럼 번간지쟁은 단순한 문자 선택의 문제를 넘어, 중국과 대만 간의 정통성과 문화 계승을 둘러싼 정치적 경쟁으로 확장되고 있다. 대만 정부는 중국 전통문화의 정수를 담은 번체 한자를 유네스코 세계문화유산으로 등록하는 방안까지 추진하고 있다.

중국은 이미 1956년 청대 편찬된 『강희자전』에 수록된 4만 7천여 자의 한자를 2,238자의 간체자로 통폐합하는 문자 개혁을 단행했고, 1958년에는 한자 발음을 로마자로 표기하는 한어 병음 제도도 도입했다. 한편, 국제연합에서 중국어는 창립 이래 번체자로 표기됐으나, 1971년 중국이 대만을 대신해 대표권을 확보한 이후 번·간체 병용으로 바뀌었고, 2008년부터는 간체자만 사용하게 되었다. 대만은 이를 '제2의 UN 퇴출'이라 부르며 강하게 반발했다. 오늘날 번체자를 공식적으로 쓰는 곳은 대만, 홍콩, 일본, 한국과 간체자를 쓰는 곳은 중국, 싱가포르, 마카오로 나뉜다.

간체자의 가장 큰 장점은 배우기 쉽고 쓰기 편리하다는 점이다. 전통적인 번체자에 비해 획수가 적어 글자를 익히는 데 필요한 시간과 노력이 상대적으로 적게 들며, 이로 인해 중국 내 문맹률을 크게 낮추는 데 이바지했다. 또한 중국어를 배우는 외국인에게도 접근성을 높여 주었으며, 획수가 적기 때문에 손으로 글씨를 쓸 때 더 빠르게 쓸 수 있다는 이점이 있다. 이러한 특성은 특히 필기량이 많은 교육 현장이나 사무 환경에서 효율성을 높여 준다. 아울러 간체자는 구조가 단순하여 키보드 입력 시 번체자보다 오류 가능성이 작고 입력 속도도 빠르다는 장점이 있다. 그러나 간체자에는 전통문화와의 단절이라는 심각한 단점이 존재한다. 한자의 원래 형태와 조형 원리를 상당 부분 훼손하여 그 속에 담긴 문화적·역사적 의미를 파악하기 어렵게 만들었기 때문이다. 이로 인해 고전 문헌을 이해하는 데 장애가 되고, 한자 문화권의 역사적 맥락을 잃게 할 우려가 있다. 또한 번체자는 의미를 함축한 부수가 온전히 남아 있는 경우가 많지만, 간체자는 간소화 과정에서 원래의 상형이나 회의 등의 조자 원리를 잃어버리는 경우가 적지 않다. 예를 들어 '사랑(愛)'의 경우 간체자인 '애(爱)'에서는 '마음(心)'을 나타내는 부분이 사라져 의미 전달력이 약화되었다는 지적이 있다. 더불어 획수가 적다 보니 서예와 같은 예술 분야에서는 표현의 깊이와 다양성이 제한된다는 평가를 받기도 한다.

반면 번체자의 가장 큰 장점은 한자의 원형을 보존하고 있다는 문화적 가치에 있다. 상형(象形), 지사(指事), 회의(會意), 형성(形聲) 등 한자의 창제 원리를 충실히 담고 있어, 글자 하나하나에 깃든 역사적·문화적 의미를 쉽게 유추할 수 있고, 이를 통해 한자 문화권의 전통을 계승하는 데 중요한 역할을 한다. 고전 문헌을 해독하거나 서예 작품을 감상하는 데에도 필요하며, 복잡한 구조 덕분에 서예와 같은 예술 분야에서는 풍부하고 다채로운 표현이 가능하다. 또한 번체자는 뜻을 나타내는 부수가 분명하여 단어의 의미를 직관적으로 이해할 수 있고, 이는 한자 문화를 공유하는 다른 나라 사람들과의 소통에도 도움이 된다. 하지만 번체자 역시 단점이 있다. 획수가 많아 배우기 어렵고 쓰기가 복잡하여, 간체자보다 학습에 더 많은 시간과 노력이 필요하다. 과거에는 이러한 복잡성이 문맹률이 높았던 주요 원인 중 하나로 지적되기도 했다. 손으로 직접 글씨를 쓸 때 속도가 느려져 현대 사회의 빠르고 효율적인 소통 환경에서는 다소 불리할 수 있으며, 복잡한 구조로 인해 키보

드 입력 시 간체자보다 오타가 발생할 확률이 높고 입력 효율이 떨어질 수 있다는 점도 단점으로 거론된다.

문맹률 개선 효과를 살펴보면, 1949년 중국의 문맹률은 약 80%였으나, 1964년 간체자가 본격 시행된 후 1982년에는 22.8%, 2000년에는 6.72%로 급감했다. 그러나 이러한 변화가 순전히 간체자 도입의 성과인지는 논란의 여지가 있다. 같은 시기 급격한 경제성장, 의무교육 확대, 도시화 진전 등도 중요한 요인이었기 때문이다. 실제로 번체자를 사용하던 홍콩과 대만도 경제 발전과 함께 문맹률이 크게 떨어졌다. 홍콩은 1971년 11.1%에서 1991년 3.1%로, 대만은 1952년 42%에서 1989년 7.1%로 감소했다. 이는 문맹률 해소에 문자 단순화보다 교육 기회 확대와 경제 발선이 더 결정적임을 시사한다.

인공지능 시대의 도래는 번체자와 간체자 논쟁에 새로운 차원을 제공하고 있다. 컴퓨터와 모바일 기기의 보급으로 손글씨보다 디지털 입력이 주류가 되면서, 전통적으로 번체자의 단점으로 지적되었던 '쓰기의 복잡함'은 상대적으로 중요성이 줄어들고 있다. 오늘날의 입력 방식은 병음(拼音)이나 주음(注音)을 이용한 음소 입력이 일반적이어서, 실제 글자의 획수는 입력 속도에 거의 영향을 주지 않는다. 더 중요한 변화는 AI 기계번역과 자연어 처리 기술의 발전이다. 구글 번역, 바이두 번역, 파파고 등 주요 번역 서비스가 간체자와 번체자 간 자동 변환을 지원하면서 기술적 장벽이 크게 낮아졌다. 이로써 두 문자 체계 사이의 실용성 격차는 점점 줄어들고 있다. 또한 AI 챗봇과 언어 모델의 발전도 주목할 만하다. ChatGPT나 Claude와 같은 대규모 언어 모델은 간체자와 번체자를 모두 자연스럽게 처리할 수 있어, 사용자들이 자신의 선호에 따라 어떤 문자를 사용할지 자유롭게 선택할 수 있게 되었다. 이로 인해 문자의 선택은 순수한 실용성 문제에서 벗어나, 점차 문화적 취향이나 정치적 입장의 문제로 전환되고 있다.

미래 전망에서 가장 중요한 요소는 문화적 가치와 기술적 편리성의 균형이다. AI 시대에는 문자의 복잡성이 기술적 장벽이 되지 않기 때문에, 번체자가 지닌 문화적 깊이와 역사성이 재평가받을 가능성이 크다. 특히 문화 콘텐츠, 예술, 전통 학문 분야에서는 번체자의 고유한 가치가 더욱 중시될 것으로 보인다. 나아가 AI 기술의 발전은 한자 학습 방식에도 혁신을 가져올 것이다. 개인화된 학습 알고리즘과 AR·VR 기술을 활용한 체험형 학습이 가능해지면서, 번체자의 복잡성이라는 전통적 장벽도 극복될 수 있다. 이는 번체자와 간체자의 논쟁이 단순한 편의성 경쟁에서 벗어나, 문화적 가치와 정체성의 경쟁으로 변화하고 있음을 의미한다. 결국 AI 시대의 한자 미래는 기술이 문자의 물리적 제약을 해소함에 따라, 각 문자 체계가 지닌 본질적 가치와 문화적 의미가 더욱 중요한 판단 기준이 될 것으로 전망된다.

제13장

학문의 경계에서 - 행정학(行政學)과 한문학(漢文學)의 만남

간혹 사람들은 내게 묻는다. “행정학(行政學)을 전공한 사람이 왜 한문학(漢文學)을 공부하는가?” 라는 질문이다. 얼핏 보기에 이 두 학문은 서로 동떨어져 보일 수 있다. 그러나 내 생각은 다르다. 행정학자에게 동양 고전은 선택이 아니라 필수다. 왜냐하면 행정학이 다루는 궁극적 주제 즉 ‘국가의 운영, 관료제의 성격, 정책의 설계와 집행, 나아가 공공성의 철학’은 이미 수천 년 전부터 우리의 역사와 고전 속에서 깊이 탐구되고 논의되어 왔기 때문이다.

오늘날 대한민국의 행정학은 대부분 미국(美國) 학계의 흐름을 좇아 형성되었다. 공공행정의 제도와 이론, 정책 분석의 틀, 행정윤리와 조직론까지,

그 근간에는 미국식 학문 체계가 자리하고 있다. 행정학의 태두(泰斗)라 불리는 토머스 우드로 윌슨(Thomas Woodrow Wilson)이 1887년에 발표한 『행정의 연구(Study of Administration)』는 통치와 행정을 구분하고 행정의 전문성을 강조한 기념비적 논문이었다. 이 글은 19세기 말 미국의 정치·사회적 맥락 속에서 등장했지만, 이후 전 세계적으로 행정학의 기본 출발점으로 자리매김하였다. 한국의 많은 행정학자 역시 미국 유학을 통해 이 전통을 직접 익혔다. 이는 한국 학문사의 한 성취이자 자부심이기도 하다.

그러나 여기서 우리는 근본적인 질문을 던져야 한다. 과연 한국의 행정학은 서구 이론을 넘어선 '우리만의 사유와 실천'을 담아내고 있는가? 단언컨대, 아직 그 길은 멀다. 미국이나 유럽이 정치·행정 이론을 구축하기 시작한 것은 길어야 2~3세기 전의 일이다. 반면 우리나라만 보더라도 삼국시대 이래로 수천 년 동안 국가가 있었고, 관료가 있었으며, 제도와 정책이 있었다. 무엇보다 중요한 점은, 이 모든 경험이 기록으로 남아 있다는 사실이다. 조선왕조(朝鮮王朝)의 경우만 보더라도, 600년간의 통치 기록이 방대한 사료로 전해진다. 『조선왕조실록(朝鮮王朝實錄)』『승정원일기(承政院日記)』, 『일성록(日省錄)』은 단순한 역사 기록이 아니라, 국가 운영의 실제 과정을 낱낱이 보여주는 행정학의 보고(寶庫)라고 할 수 있다. 더 나아가 경연(經筵)의 발언록, 관리들의 상소문(上疏文), 지방 관청의 장계(狀啓), 중앙정부의 지시 문서 등은 오늘날 우리가 말하는 '공공행정(Public Administration)'의 모든 현상을 구체적으로 담아내고 있다. 역병(疫病)이 돌면 지방에서 보고가 올라오고, 중앙에서 논의가 이루어진 뒤 구체적 대책이 다시 지방에

하달되는 과정을 통해, 당시 행정의 합리성과 체계성을 확인할 수 있다.

또한 조선의 과거시험(科學試驗)은 사서(四書)를 중심으로 치러졌다. 『논어(論語)』, 『맹자(孟子)』, 『대학(大學)』, 『중용(中庸)』을 읽고 해석하며 토론하는 능력은 곧 공직자의 자격 요건이었다. 다시 말해, 고전은 단순한 학문적 교양을 넘어 국가 통치의 철학적 기반이자 실무적 지침이었다. 흔히 사서를 성리학적 심성론이나 도덕 수양의 교본 정도로 이해하지만, 사실 이 네 권의 책은 심학(心學)이기 이전에 정치학(政治學)이며 행정학(行政學)의 고전이었다. 『논어』는 이상적 지도자의 자질과 군신(君臣) 간의 윤리를 논하고, 『맹자』는 민본주의(民本主義) 철학을 바탕으로 정치적 정당성의 조건을 제시한다. 『대학』과 『중용』은 통치자의 자기 수양과 사회질서의 이상적 구축 방식을 계통적으로 설파한다. 그것은 추상적 도덕 담론이 아니라 매우 구체적인 '통치의 기획서'이자 '행정의 현장'이었다.

고대 중국 제나라(齊)의 재상 안자(晏子)가 초나라(楚) 왕에게 "강남의 귤은 귤이지만, 강북에 옮겨 심으면 탱자가 된다(橘化爲枳)."라고 설파한 고사는 오늘날 정책 이식(policymaking transplantation)의 위험성을 날카롭게 지적한다. 미국이나 유럽에서 성공한 정책이 한국에서는 실패할 수 있음을 이미 예리하게 간파한 비유다. 이는 오늘날 서구 정책을 생각 없이 수입하는 '벤치마킹(benchmarking)'에 대한 깊은 성찰을 요구한다. 따라서 이제는 우리가 우리의 것을 정리해야 한다. 한국은 이미 G7에 근접한 경제력과 민주 행정체계를 갖춘 나라다. 이제는 외국 이론을 단순히 수입하는 데 머무를 것이 아니라, 우리 역사와 문화 속에서 축적된 행정 경험을 학문적으로 정리해 세계에 발신해야 한다.

이를 위해서는 무엇보다 행정학자들부터 동양 고전을 제대로 읽고 이해해야 한다. 언제까지 동양 고전을 한문학과(漢文學科), 국문학과(國文學科), 사학과(史學科), 철학과(哲學科)의 전공자들에게만 맡겨둘 것인가? 이제는 행정학자들이 직접 나서야 한다. 고전은 '과거의 유물'이 아니라 '오늘의 거울'이며, 우리의 학문과 실천이 세계로 나가기 위한 가장 단단한 토대다.

여기서 우리는 한문학(漢文學)의 가치를 다시 돌아보게 된다. 한문학은 한국 문화의 심층에 자리한 지적 유산이자 정신의 정수다. 그것은 단순히 옛 문장을 모아둔 것이 아니라, 민족의 혼과 사유를 담은 거대한 저장소다. 해방(解放) 이후 서구 문명이 급격히 밀려오는 상황에서 우리의 학자들은 한문학의 가치를 되살리고, 현대적 언어로 재해석하는 숭고한 과업에 착수했다. 해방 직후 한문학은 '한학(漢學)'이라는 이름으로 구습(舊習)의 상징처럼 취급되며 설 자리를 잃어갔다. 그러나 몇몇 학자들은 이에 맞서 한문학을 민족정신의 기반으로 재정립하려 했다. 변영만(卞榮晩)은 문학의 본질을 '자기 수양'에서 찾으며, 한문 문장의 내적 힘을 되살리고자 했다. 정인보(鄭寅普)는 『조선학운동(朝鮮學運動)』을 통해 한문학을 단순한 언어가 아니라 '민족정신의 그릇'으로 규정했다. 그의 말처럼 한문학은 단순한 옛글이 아니라, 우리 문화의 심장을 다시 뛰게 하는 원천이었다. 여기에 김태준(金台俊)의 『조선한문학사(朝鮮漢文學史)』(1948)는 한국 한문학사 연구의 새로운 지평을 열었다. 김태준은 조선 시대의 시문(詩文)을 단순히 열거하지 않고, 문학사적 전개와 사회사적 맥락을 결합하여 분석했다. 그의 작업은 한문학을 살아 있는 문학으로 재평가한 획기적 시도였다. 이어 이가원(李家源)의

『한국한문학사(韓國漢文學史)』(1954)는 한문학을 단순한 과거의 유물이 아니라, 민족 문학사의 본류로 체계화한 첫 시도로 평가된다. 또한 간재 전우(艮齋 田愚), 면우 곽종석(俛宇 郭鍾錫), 한송 성백효(寒松 成百曉) 같은 학자들의 기여도 빛났다. 전우는 격동의 구한말에도 한문학의 도덕적·심미적 가치를 지켜냈고, 곽종석은 실증적 방법론으로 자료를 집대성하며 근대 학문으로의 전환을 준비했다. 성백효는 『논어집주상설(論語集註詳說)』을 통해 원전의 철학적 깊이를 현대 한국어로 되살려내며, 한문학 번역의 모범을 제시했다.

한문학의 번역은 단순한 직역(直譯)이 아니었다. 그것은 옛 사상을 현대적 감각으로 되살리는 작업이었다. 선구자들은 원전의 숨결을 지키면서도 현대 독자에게 울림을 주는 언어로 옮기려 애썼다. 그래서 번역은 단순한 언어 변환이 아니라, 과거와 현재를 잇는 영혼의 다리였다. 1960년대 이후에는 고려(高麗)의 문인 이제현(李齊賢)의 『익재악부(益齋樂府)』 정리와 같은 연구가 진행되며 사문학(詞文學)의 영역도 본격적으로 탐구되었다. 이는 한문학이 단순히 고전의 전유물이 아니라, 다채로운 문학 양식의 보고(寶庫)임을 입증한 성과였다.

한문학의 길은 전혀 평탄하지 않았다. 일제 강점기의 단절, 해방 이후 외래문화의 홍수, 근대화의 압력 속에서도 학자들은 한 가지 신념을 붙들었다.

> "한문학은 민족정신을 지탱하는 기둥이다." 그리고 "번역은 단어를 옮기는 것이 아니라 영혼을 건네는 행위다."

오늘 우리에게 주어진 과제는 명확하다. 한문학

을 과거의 박물관 속에 가두어 두는 것이 아니라, 오늘의 언어와 정신으로 새롭게 되살려야 한다는 것이다. 한학 연구의 선구자들의 발자취는 우리에게 여전히 살아 있는 길잡이다. 행정학자들을 포함한 다양한 전공의 연구자들이 고전을 자기 학문의 거울로 삼을 때, 비로소 한국적 학문이 세계 속에 당당히 서게 될 것이다

제14장

동양 고전에서의 죽음 이해

공자(孔子)가 『논어』 「선진(先進)」편에서 제자 자로(子路)의 질문에 대답한 짧은 구절, "삶도 모르는데 어찌 죽음에 대해서 알겠는가(未知生, 焉知死)?"라는 말은 동양 사상에서 죽음을 이해하는 근본적인 틀을 제시하였다. 얼핏 들으면 죽음에 대해 말하기를 피하는 듯하지만, 그 속에는 죽음을 단순히 생명의 종말로 보지 않고 삶과 긴밀히 연결된 연속적 과정으로 파악하는 깊은 사유가 담겨 있다. 공자는 인간이 먼저 배워야 할 것은 죽음 너머의 세계가 아니라, 눈앞의 현실 속에서 어떻게 바르게 살아갈 것인가라는 점을 강조하였다. 그는 "능히 살아있는 사람을 잘 섬기지는 못할지언정 어떻게 능히 귀신을 섬기겠는가(未能事人, 焉能事

鬼)?"라 하였는데, 이는 곧 죽음을 제대로 이해하는 길이란 결국 삶을 충실히 아는 데 있다는 뜻이었다.

공자에게 있어 죽음은 단순히 개인 존재의 소멸이 아니었다. 그는 인(仁)과 예(禮)의 실천 속에서 인간이 자기 생을 온전히 완성할 수 있다고 보았다. 그러므로 죽음은 삶의 마지막에서 맞이하는 낯선 사건이 아니라, 도덕적 실천이 완성되었을 때 주어지는 자연스러운 귀결이었다. 『논어』「위령공(衛靈公)」편에서 말한 "몸을 바쳐 인을 이룬다(殺身成仁)."라는 구절은 이를 잘 보여준다. 삶보다 더 높은 가치는 인(仁)에 있으며, 죽음은 그것을 증명하는 방식이 될 수 있다는 것이다. 이러한 태도는 후대 유학자들에게 중요한 지적 유산으로 남았다. 정호(程顥)는 "낮과 밤은 죽음과 삶의 도리이다(晝夜者, 死生之道也)."라고 하여 생사(生死)를 자연

질서의 순환 속에 귀속시켰다. 그는 또 "삶의 도리를 알면 죽음의 도리를 알 수 있다(知生之道, 則知死之道)."라고 설명하였다. 공자가 강조한 삶의 우선성을 계승하면서도, 생사 자체가 음양의 교체처럼 필연적인 하나의 도리라는 점을 분명히 한 것이다.

주자(朱熹)는 『논어집주(論語集註)』에서 "유와 명, 즉 죽음과 삶은 처음부터 둘의 이치가 있는 것이 아니다(幽明始終, 初無二理)."라고 하였다. 그는 생과 사가 근원적으로 하나라는 통일성을 강조하였다. 다만 학문하는 이가 반드시 지켜야 할 순서가 있음을 지적하며, "삶도 모르는데 어찌 죽음에 대해서 알겠는가(未知生, 焉知死)?"라는 공자의 말을 교육학적으로 해석하였다. 즉, 인간은 먼저 '살아가는 도리'를 충분히 깨닫고 닦은 후에야 죽음을 바르게 이해할 수 있다는 것이다. 주자의 이런 해석은 단순한 회피가 아니라, 생사의 문제를 공허한 추측이 아니라 실천적 학문과 도덕 수양 속에서 풀어야 한다는 지침이었다.

공자와 유학이 죽음을 사회적 관계와 도덕 실천 속에서 파악하였다면, 도가(道家)는 이를 우주적 질서와 자연의 순환 속에서 설명하였다. 장자(莊子)는 "대지가 나에게 형체를 맡기고 삶으로 수고케 하며, 늙음을 쉬게 하고, 죽음으로 안식하게 하니, 나의 삶을 잘 가꾸는 것이 곧 나의 죽음을 잘 맞이하는 것이다(夫大塊載我以形, 勞我以生, 佚我以老, 息我以死, 故善吾生者, 乃所以善吾死也)."라고 하였다. 이는 삶과 죽음을 거대한 자연의 리듬 속에 두고, 두려움의 대상이 아니라 안식의 귀환으로 이해한 사유이다.

그는 또한 "사람의 삶은 기의 모임이고, 모이면 삶이 되고 흩어지면 죽음이 된다(人之生, 氣之聚也,

聚則爲生, 散則爲死).”라고 하여 생사를 기(氣)의 집합과 해체로 설명하였다. 이는 후대 음양오행(陰陽五行) 사상과 깊이 연결되면서, 동아시아인의 생사관 형성에 큰 영향을 미쳤다. 장자의 세계관 속에서 죽음은 개인의 종말이 아니라 기의 해산일 뿐이며, 곧 우주 질서 속에서의 변형이다. 이런 태도는 인간이 죽음을 두려움이나 집착의 대상으로 삼지 않고 자연스러운 도리로 받아들이게 했다.

동양 사상의 생사 이해는 불교와의 만남을 통해 또 다른 지평을 열었다. 불교는 생사를 윤회(輪廻)의 과정으로 설명하며, 죽음은 끝이 아니라 새로운 시작으로 파악하였다. 모든 생은 '업(業)'에 의해 규정되며, 죽음은 그 업의 결과에 따라 새로운 생으로 이어진다. 『법구경(法句經)』은 “모든 유위의 법은 꿈과 같고 환영과 같으며 물거품과 같고 그림자와 같다(一切有爲法 如夢幻泡影).”라고 하였다. 이는 삶과 죽음 모두가 덧없고 무상한 것임을 드러낸다. 불교의 이러한 통찰은 삶의 집착을 줄이고, 죽음을 두려움의 대상이 아니라 깨달음으로 나아가는 관문으로 삼게 했다.

이처럼 유가, 도가, 불교는 각기 다른 길을 걸으면서도, 죽음을 삶과 단절된 적대적 현상으로 보지 않고 삶과 긴밀하게 연결되는 과정으로 이해했다는 점에서 공통된다. 유가는 도덕적 삶을 다하지 못한 자가 죽음을 논할 수 없다고 보았고, 도가는 기의 변화라는 자연 질서 속에서 죽음을 설명했으며, 불교는 윤회와 무상의 관점에서 죽음을 해석하였다. 세 전통은 모두 삶의 태도가 곧 죽음의 태도를 결정한다는 점에서 일치하였다.

한국 사상사에서도 이러한 동양 고전의 죽음에 대한 이해는 널리 이어졌다. 조선의 성리학자들은 주자의 생사관을 계승하면서 충(忠)과 효(孝)의 실천을 통해 죽음을 맞이하는 태도를 강조하였다. 퇴계 이황(李滉)은 "죽음을 두려워하지 않고 마음을 지켜 그 도리를 다하는 것이 군자의 자세다."라 하였고, 율곡 이이(李珥) 또한 죽음을 도리의 완성으로 이해하였다. 이러한 사상은 한국인의 제례(祭禮) 문화와도 연결되었다. 제사는 죽은 자와 산 자의 단절을 메우고, 죽음을 삶의 연속으로 이해하게 해 주는 중요한 장치였다. 이는 공자가 말한 '사람을 섬기는 도리'가 죽은 이를 섬기는 도리와 통한다는 사상과도 맞닿아 있다.

현대 철학에서도 죽음 이해는 중요한 주제가 된다. 하이데거(Martin Heidegger)는 『존재와 시간』에서 인간을 '죽음을 향한 존재(Sein zum Tode)'로 규정하였다. 그는 죽음을 의식할 때 비로소 진정한 삶의 의미를 깨달을 수 있다고 보았다. 이는 공자의 "삶을 알면 죽음을 안다."라는 가르침과 깊이 공명한다. 삶을 진지하게 성찰하는 것이 곧 죽음을 이해하는 길이라는 점에서 동서양의 사상은 서로 만난다. 또한 현대의 호스피스 완화의료는 동양적 생사관에서 많은 통찰을 얻고 있다. 죽음을 극복해야 할 대상이 아니라 삶의 일부로 받아들이는 태도는 임종 과정에서 환자와 가족이 존엄과 평안을 유지하는 데 도움을 준다. '웰다잉(well-dying)'이라는 개념은 동양 고전의 지혜를 현대적으로 계승한 사례라 할 수 있다.

공자의 "미지생 언지사"는 단순히 죽음을 회피하는 발언이 아니라, 삶을 제대로 이해하는 것이 죽음을 이해하는 유일한 길임을 가르쳐 준다. 주자와 정자에 의해 성리학적 체계 속에서 더욱 정교화되었고, 장자의 자연주의적 생사관, 불교의 무상과 윤회 사상과도 연결되었다. 한국의 성리학 전통과 민속문화에서도 이는 충실히 계승되었으며, 현대 철학과 의학에서도 여전히 중요한 지혜로 남아 있다.

결국 죽음은 삶의 끝이 아니라 삶을 통해 비로소 이해할 수 있는 완성의 순간이다. 삶을 성실히 가꾸는 자만이 죽음을 평안히 맞이할 수 있다. 동양 고전이 전하는 생사의 지혜는 단순한 지적 지식이 아니라, 일상의 실천 속에서 체득되어야 할 삶의 예술이다. 죽음을 두려움이 아니라 삶의 거울로 삼는 태도야말로, 공자가 후학들에게 남긴 가장 근본적인 가르침이었다. 그는 "사람을 잘 섬기기를 궁리하라."라고 일깨웠다. 그 말은 결국 죽음을 향해 나아가는 인간이 삶이라는 여정에서 어떻게 더욱 의미 있게 걸어가야 하느냐는 영원한 물음에 대한 답으로 남는다.

제15장

공자
- 인(仁)의 정치와 인간 회복의 메시지

기원전 6세기 말, 중국 대지는 춘추시대(春秋時代)의 깊은 혼란에 빠져 있었다. 주나라의 봉건 질서는 무너졌고, 제후들은 패권을 다투며 전쟁을 일삼았다. 백성들은 전란과 가혹한 수탈에 시달렸으며, 사회적 윤리와 도덕은 땅에 떨어진 지 오래였다. 바로 이때, 한 사상가가 나타나 인간 본성의 회복을 통해 세상을 구원하려는 위대한 사상을 펼쳐냈다. 공자의 사상은 단순한 정치 철학을 넘어 인간 존재의 근본적인 물음에 답하는 종합적 인문학 체계였다. 그는 정치란 권모술수가 아니라 인(仁)의 실현 과정이라 보았으며, 지도자의 덕(德)과 백성의 신뢰(信)가 어우러진 조화로운 사회를 꿈꾸었다. 더 나아가 그의 사상은 결과를 계산하는 합리성을 넘어, 옳은 일을 그 자체로 실천하는 '보상을 바라지 않는 실천'의 가치를 일깨워주었다.

제나라 경공이 공자에게 정치의 요체가 무엇이냐고 묻자, 공자는 간결하게 답했다. "임금은 임금답고, 신하는 신하답고, 아버지는 아버지답고, 자식은 자식다워야 한다(君君, 臣臣, 父父, 子子)."라는 말이었다. 언뜻 단순해 보이는 이 말에는 공자 정치 철학의 정수가 담겨 있다. 여기서 '다움'이란 단순한 사회적 역할 이상을 의미한다. 그것은 각자가 자신의 위치에서 지녀야 할 도덕적 본성과 책임을 실현하는 상태를 뜻한다. 임금다움은 백성을 사랑하고 덕으로 보살피는 것이며, 신하다움은 충성과 직분으로 섬기는 것이고, 아버지다움은 자애로움과 엄격함으로 이끄는 것이며, 자식다움은 효도와 공경으로 받드는 것이다. 공자는 이러한 '다움'의 실현이 위로부터 시작되어 아래로 자연스럽게 미친다고 보았다. 한 임금이 "도둑이 많아 나라가 어지럽다."라고 호소하자 그는 단호하게 말했다. 곧 "당신이 탐내지 않으면, 비록 상을 준다 해도 백성이 훔치지 않을 것이다(苟子之不欲, 雖賞之不竊)."라는 것이었다. 지도층의 탐욕과 부도덕이 사회적 타락의 근원임을 꿰뚫어 본 통찰이었다. 따라서 공자에게 정치란 법과 제도를 만드는 기술적 문제가 아니라, 지도층이 먼저 자신의 덕을 갈고닦아 사회 전체의 도덕성을 일깨우는 '덕치(德治)'의 과정이었다.

공자의 제자 자로(子路)가 위나라로 가는 길에 물었다. "위나라 임금이 선생님을 모시고 정치를 하려 합니다. 무엇을 먼저 하시겠습니까?" 공자의 대답은 "반드시 명분을 바로잡겠다(必也正名乎)!"라는 것이었다. 자로가 "그것부터요? 너무 형식적이지 않습니까?"라고 의아해하자 공자는 그를 꾸짖으며 이렇게 설명했다. "명분이 바르지 않으면 말이 순조롭지 못하고, 말이 순조롭지 못하면 일이 이루어지지 않으며, 일이 이루어지지 않으면 예악이 일어나지 못하고, 예악이 일어나지 못하면 형벌이 적절하지 못하며, 형벌이 적절하지 못하면 백성들이 손발을 둘 곳을 모른다(名不正, 則言不順; 言不順, 則事不成; 事不成, 則禮樂不興; 禮樂不興, 則刑罰不中; 刑罰不中, 則民無所措手足)."라는 뜻이었다. 여기서 '명분(名分)'이란 단어와 그에 따른 책임과 권한이 일치하는 상태를 말한다. 즉, '임금'이라는 이름에는 임금다운 덕과 책임이 따르고, '아버지'라는 이름에는 아버지다운 사랑과 의무가 따라야 한다는 것이다. 이름과 실질이 어긋나는 상태에서는 사회적 소통과 신뢰가 무너지고, 결국 법과 제도마저 공정성을 잃어 백성을 혼란에 빠뜨린다고 본 것이다.

공자는 법과 형벌에 의한 통치를 극히 경계했다. 그는 법률이 백성의 외면적 행동만을 통제할 뿐, 내면의 부끄러움(恥)과 선한 마음을 깨우지 못한다고 보았다. 즉 "정치와 형벌로 백성을 이끌면, 백성은 형벌만 면하려 할 뿐 부끄러움을 알지 못한다(道之以政, 齊之以刑, 民免而無恥)."라는 말이다. 반면 그는 덕과 예(禮)로 다스릴 때의 이상적인 상태를 이렇게 설명했다. "덕으로 이끌고 예로 다스리면, 백성은 부끄러움을 알고 또한 스스로 바르게 된다(道之以德, 齊之以禮, 有恥且格)."라는 뜻이다. 예란 단순히 겉모양을 차리는 형식이 아니라, 사회적 관계와 상황에 따라 마땅히 행해야 할 바른 행동과 마음가짐을 체계화한 규범이었다. 그것은 외부의 강제가 아니라, 내면의 덕이 외부로 표현되는 자연스러운 모습이있다. 따라서 지도자가 덕과 예로 본을 보일 때, 백성은 두려움 때문이 아니라 자발적으로 따르고 자신의 처신을 바르게 고치게 된다는 것이 공자의 믿음이었다. 공자에게 덕치의 출발점은 지도자의 자기 수양이었다. "몸가짐이 바르면 명령하지 않아도 행해지고, 몸가짐이 바르지 않으면 비록 명령해도 따르지 않는다(其身正, 不令而行; 其身不正, 雖令不從)." 이 말은 지도력의 본질을 꿰뚫는 명언으로, 최고의 명령은 말이 아니라 행동으로 보이는 모범임을 일깨워준다. 조직이나 사회의 어려움을 극복하려 할 때, 윗사람이 먼저 희생하고 올바른 길을 걸어야 비로소 구성원들의 신뢰와 따름을 얻을 수 있다는 뜻이었다.

공자의 정치관에서 신뢰(信)는 절대적인 가치였다. 제자 자공(子貢)이 정치의 방법을 묻자 공자는 세 가지를 꼽았다. "식량을 넉넉히 하고, 군비를 튼튼히 하며, 백성의 믿음을 얻어야 한다(足食, 足兵, 民信之矣)."라는 것이었다. 자공이 "셋 중 하나를 빼야 한다면 무엇을 빼겠습니까?"라고 묻자 공자는 "군비를 빼겠다."라고 답했다. 다시 "그다음은 무엇을 빼겠습니까?"라고 묻자 공자는 이렇게 말했다. "식량을 빼겠다. 예로부터 누구나 죽기는 마련이지만, 백성의 믿음이 없으면 나라는 설 수 없다(去食. 自古皆有死, 民無信不立)." 이는 공자의 가치 판단 기준이 매우 명확함을 보여준다. 국가의 생존을 위한 물질적, 군사적 토대보다 사회 구성원 간의 신뢰를 더 근본적인 요소로 본 것이다. 신뢰가 무너진 사회는 아무리 부유하고 군사력이 강해도 내부에서부터 무너지기 쉽다는 통찰이다.

공자 사상의 가장 깊이 있고 독특한 면모는 그의 '무보상적 실천' 윤리에 있다. 그는 선행의 동기를 내세의 복이나 현세의 이익에서 찾지 않았다. 그는 "인을 이루기 위해 스스로 몸을 사리지 않는다(殺身以成仁)."라고 말하며, 옳은 일은 그 자체로 가치 있기에 결과가 어떻든 실천해야 한다고 가르쳤다. 제자들이 "선한 일을 하면 보상을 받습니까?", "악한 일을 하면 벌을 받습니까?"라고 묻자 공자는 내세의 응보를 말하지 않았다. 대신 그는 "군자는 의에 견주어서 깨닫고, 소인은 이익에 견주어서 깨닫는다(君子喩於義, 小人喩於利)."라고 답했다. 덕을 실천하는 이유는 천당에 가거나 복을 받기 위해서가 아니라, 그것이 인간으로서 마땅히 걸어가야 할 의로운 길이기 때문이라는 것이다.

공자의 사상은 한나라를 거쳐 국가 통치 이념으로 자리 잡았고, 송나라 때 주자(朱子)에 의해 체계화된 성리학(性理學)은 조선을 비롯한 동아시아의 정치, 사회, 문화 전반을 지배하는 패러다임이 되었다. 18세기 유럽의 계몽주의 사상가들인 라이프니츠, 볼테르 등도 공자의 합리주의와 도덕주의에서 깊은 영감을 받아 절대왕정과 기독교 권위에 맞서는 사상적 무기를 얻기도 했다. 또한 조선의 사림들은 공자의 '보상을 바라지 않는 실천' 정신을 깊이 간직했다. 그들은 권력과 이익을 좇기보다 도덕과 의리를 지키는 데 목숨을 걸었다. 임진왜란과 병자호란 시기, 그리고 일제 강점기에는 승리를 보장받지 못한 채 오직 '옳은 일'을 위한 실천을 택한 수많은 의병과 독립운동가들이 있었다. 그들의 저력에는 결과를 계산하기 전에 저항해야 할 의무를 실천한 공자적 정신이 흐르고 있었다. 공자의 정치 사상은 궁극적으로 사람다움의 회복에 있었다. 그의 구상은 복잡하지 않았다. 명분을 바로 세워 사회적 신뢰와 소통의 토대를 마련하고(正名), 지도자는 덕과 예로 몸소 본을 보여 백성을 교화하며(德治), 경제적·군사적 안보보다 사회 구성원 간의 믿음을 최고의 가치로 여기라는 것이었다. 그리고 그 모든 것의 바탕에는 '보상을 바라지 않는 실천' 정신이 자리 잡고 있었다. 인간의 도덕적 실천은 결과적 성공이나 보상에 의존해서는 안 되며, 옳기 때문에, 사람다우므로 행해야 하는 당위의 영역이라는 가르침이다. 그의 사상은 결과론적 합리성에 길들여진 현대인에게, 계산을 넘어선 용기와 신뢰의 가치를 일깨워주는 영원한 등불로 남아 있다.

제16장

온고이지신(溫故而知新)

공자의 말 가운데 가장 널리 알려진 구절 중 하나가 바로 온고이지신 가이위사의(溫故而知新, 可以爲師矣)이다. 흔히 "옛것을 익혀 새것을 알면 스승이 될 수 있다."라고 옮기지만, 이 짧은 문장이 지닌 함의는 단순하지 않다. 짧고 간명한 표현 속에 고대 중국의 학문관과 교육관이 응축되어 있으며, 후대 학자들의 해석에 따라 그 의미는 전혀 다른 결론에 이르기도 한다. 『논어』가 어려운 이유는 바로 여기에 있다. 그것은 하나의 정답을 강요하지 않고, 독자 스스로 사유의 여백 속에서 의미를 길어 올리게 한다는 데 있다. 공자(孔子)의 사상을 이해한다는 것은 단순한 해석의 기술을 넘어, 그의 말이 던지는 다층적 울림을 받아들이는 일이다.

온고이지신에서 '지신(知新)'은 지식의 확장, 지식의 융합, 지식의 적용, 지식의 공유를 의미한다. 온고이지신, 이 구절을 바라보는 첫 번째 시각은 전통적으로 가장 널리 알려진 것이다. "옛것을 익히고(溫故) 그것을 통해 새로움을 깨달을 수 있다면(知新), 비로소 스승이 될 수 있다(可以爲師矣)."라는 뜻으로, 곧 학문의 성숙이 교사의 자격으로 이어진다는 해석이다. 주희(朱熹)의 『논어집주』가 대표적이다. 주희는 원문에 없는 '인(人)' 자를 보충해 '남의 스승이 될 수 있다(可以爲人師矣).'라고 해석했는데, 이는 배움을 통해 얻은 학문적 능력과 도덕적 품격이 타인을 가르칠 자격으로 연결된다는 점을 강조한 것이다. 한국의 많은 역주자들, 이를테면 장기근, 박일봉, 성백효, 임동석 등이 이 해석을 따랐다. 여기서 '스승이 된다(爲師).'라는 것은 단순히 지식 전달자의 자리에 서는 것이 아니라,

옛것을 되살려 새로움을 창조하는 지적 능력과 사회적 책임을 동시에 요구받는 자리였다. 후대의 격언인 "학문이 높아야 스승이 되고, 몸가짐이 바르다면 본받을 수 있다(學高爲師, 身正爲範)."라는 말은, 지식과 인격이 동시에 요청되는 스승의 자격을 말해준다.

박광민(朴光敏) 선생은 정반대로 이 구절을 "스승으로 삼을 만하다."로 풀이한다. 그는 원문에 '人'이 없다는 사실에 주목하였다. 위사(爲師)를 반드시 '스승이 된다'로 해석할 것이 아니라, '스승으로 삼는다'로 읽을 수도 있다는 것이다. 이렇게 되면 구절의 구조는 '온고이지신 가이위사의'는 즉 "옛것을 익히고 새것을 아는 것을 가지고 스승으로 삼을 만하다."로 이해할 수 있다. 이때 '스승(師)'은 특정한 인물이 아니라 학문의 태도 그 자체가 된다. 옛것을 익히고 새것을 깨우치는 정신, 살아 있는 배움의 과정이 곧 스승이라는 것이다.

이 해석은 공자의 학문관과도 맞닿아 있다. 공자는 어느 특정한 인물을 절대적 스승으로 두지 않았다. "공자께서 무엇인들 배우지 못하시며, 또 어찌 일정한 스승이 있겠는가(夫子焉不學? 而亦何常師之有)?" 『논어』「자장」편에서 드러나듯 그는 누구에게나 배웠으며, 일정한 스승을 고정적으로 두지 않았다. 또 「술이」편에서 "나는 태어나면서부터 안 사람이 아니다(我非生而知之者)."라고 밝히며, 자신이 타고난 지혜가 아니라 끊임없는 배움을 통해 성장했음을 강조했다. 이런 맥락에서 보면, '스승이 되는 자격'보다는 '무엇을 스승으로 삼을 것인가?'라는 문제의식이 공자 사상의 본류에 더 가깝다고 할 수 있다. 옛것을 익히고 그 속에서 새것을 발견하는 과정, 바로 그것이야말로 우리에게 스승이 될 만한 가치라는 것이다.

역대 주석가들의 견해를 살펴보면 이 문제의 다층적 의미가 더욱 분명해진다. 청 말의 경학자 정수덕(程樹德)은 『논어집석(論語集釋)』에서 이러한 견해들을 모아 비교하면서 각 주석가의 관점을 균형 있게 정리하였다. 하안(何晏)은 온(溫)을 단순한 복습이 아니라 '심역(尋繹)', 곧 깊이 탐구하는 행위로 이해했다. 황간(皇侃)은 고(故)와 신(新)의 관계에 주목해, 옛것을 익히는 과정에서 자연스럽게 새로움이 생긴다고 보았다. 주희(朱熹)는 '남을 가르칠 자격'이라는 측면을 강조했지만, 환무용(宦懋庸)은 『논어계(論語稽)』에서 "가이위사이(可以爲師矣)"를 "곧 이것으로써 스승이 될 만하다(可卽以是爲師矣)."라고 해석했다. 이는 곧 "이것(溫故知新)을 스승으로 삼을 만하다."라는 뜻으로, 배움의 태도 자체를 스승으로 여기는 관점이었다.

필자는 "스승의 직분 됨이 매우 할 만하다(師

之為職, 頗可為也).”로 풀이한다. 필자의 생각엔 ‘가르침(爲師)’이란 남을 가르치는 행위일 뿐 아니라, 가르치는 자 자신에게도 유익한 과정(教學相長)임을 경험을 통해 깨달았기 때문이다. 즉, “옛 배움이 이미 식었는데, 지금 사람을 가르치는 노고로 옛것을 덥히고 새것을 알게 되니, 어찌 내게 유익한 일이 아니겠는가(舊學旣冷, 而今爲人之勞, 得溫故而知新, 非益我之事乎)?”라는 위(魏)나라의 하안(何晏, 190~249)의 말처럼 한때 식어버린 옛 지식도 남을 가르치는 노고 속에서 다시 살아나며, 그 과정에서 새로운 통찰이 열리게 되기 때문이다.

이처럼 “溫故而知新, 可以爲師矣”라는 구절은 두 갈래의 해석이 공존한다. 하나는 ‘옛것을 익혀 새것을 알면 스승이 될 수 있다’라는 의미로, 학문적 성취와 자격을 강조하는 시각이다. 다른 하나는 ‘그 과정을 스승으로 삼을 만하다.’라는 의미로,

학문의 태도와 방법을 강조하는 시각이다. 전자가 외향적 가르침을, 후자가 내향적 배움을 부각하는 것이라 할 수 있다.

이 문제를 좀 더 깊이 이해하기 위해 '아사(我師)'와 '위사(爲師)'의 개념을 비교해볼 필요가 있다. 아사는 배우는 자의 관점에서 세상 모든 존재를 스승으로 삼는 겸허한 태도를 가리킨다. 반대로 '위사'는 가르치는 자의 관점에서 학문과 덕성을 갖추어야만 스승의 자리에 설 수 있다는 자격 선언이다. 『논어』「술이」편에는 "세 사람이 길을 걸으면 반드시 내 스승이 있다(三人行, 必有我師焉)."라는 구절이 있다. 이때의 '아사(我師)'는 누구든 본받을 만한 존재가 될 수 있다는 겸허한 학습자의 태도를 말한다. 모든 사람에게서 배울 점을 찾고, 잘못된 점에서는 반면교사를 얻는 태도, 바로 이것이 '아사'의 의미이다. 이는 수기(修己)의 출발점이며, 배움의 문을 여는 자세이다.

반면 '위사(爲師)'는 교사의 자격과 책임을 강조한다. "溫故而知新, 可以爲師矣"에서의 '위사'는 가르치는 자의 직분을 맡을 만한 조건을 뜻한다. 단순한 지식 전달이 아니라, 옛것을 새롭게 이해하고 재창조할 수 있는 능력이 있어야만 타인을 지도할 수 있다는 것이다. 이러한 맥락은 다른 고전에서도 일관되게 드러난다. 『예기(禮記)』「학기(學記)」에는 "널리 가르치고 깨우칠 수 있어야 스승이 된다(能博喩, 然後能爲師)."라고 하였다. 『맹자』「이루상(離婁上)」에서는 "사람들의 병통은 남의 스승이 되기를 좋아하는 데 있다(人之患在好爲人師)."라고 하여 공연히 남의 스승이 되려 하는 것을 경계했다. 이는 스승의 자격이 그만큼 무겁고 어렵다는 것을 역설적으로 보여준다. 또 『사기』「제태공세가(齊太公世家)」에서는 "강태공을 스승으로 삼았다(投竿爲師).”는 기록이 전한다. 여기서 ‘위사’는 단순한 학문 관계를 넘어 정치적, 사회적 위상까지 포함하는 개념이었다.

결국 ‘아사(我師)’와 ‘위사(爲師)’는 같은 ‘사(師)’라는 글자를 쓰면서도 서로 다른 함의를 담고 있다. 말하자면 ‘아사’는 배움의 문을 여는 태도이고, ‘위사’는 그 문을 통과한 뒤에 서는 자리이다. 겸허한 마음으로 끊임없이 배우다 보면(三人行, 必有我師焉), 언젠가 옛것을 새롭게 깨달아 다른 이를 가르칠 수 있는 자격을 얻게 된다(溫故而知新, 可以爲師矣). 따라서 이 구절은 배움과 가르침이 끊임없이 순환하는 유가(儒家) 교육 철학의 정수를 함축한 말이다. 결국 가장 위대한 스승은 인물이 아니라 배움의 과정 자체라는 점, 바로 이것이 공자가 남긴 이 말의 깊은 의미라 할 수 있다.

제17장

고전에 나오는 친구의 유형

인간은 태어나면서부터 타인과 관계를 맺고 그 속에서 자신을 인식하며 성장하는 사회적 존재이다. 이러한 관계의 중심에는 타인에게 인정받고자 하는 '인정욕구(認定欲求)'가 자리한다. 인정욕구는 단순히 남에게 잘 보이고 싶은 마음을 넘어, 사회의 일원으로서 자신의 존재 가치를 확인하고 자아를 확립하는 데 필수적인 원동력이 된다. 그러나 이 인정욕구는 양날의 검(劍)과 같다. 긍정적으로 작용할 때 우리는 더 나은 사람이 되려는 노력을 기울이고, 관계를 돈독히 하며, 공동체 안에서 의미 있는 존재로 성장할 수 있다. 최근에는 이러한 관계와 인정(認定)의 문제를 현대적인 언어로 풀어내는 표현도 등장하였다. 대표적인 것이 '브로맨스(bromance)'라는 말이다. 브로맨스는 brother(형제)와 romance(로맨스)의 합성어로, 주로 남성들 사이에서 진한 우정을 묘사할 때 쓰이며, 미디어에서는 남자 친구 사이의 끈끈한 관계를 표현하는 데 자주 활용된다. 여성 간의 각별한 우정을 뜻하는 '워맨스(womance)'와 구별된다.

『논어』「계씨」편에 보면 공자께서 "유익한 것이 세 가지 벗함이요, 손해되는 것이 세 가지 벗함이다. 곧은 사람을 벗하며, 믿음직스러운 사람을 벗하며, 견문(見聞)이 많은 사람을 벗하면 유익하고, 치우친 태도에 익숙한 사람을 벗하며, 유순한 태도를 보이기를 잘하는 사람을 벗하며, 말만 유창하게 잘하는 사람을 벗하면 해롭다(孔子曰: 益者三友, 損者三友, 友直, 友諒, 友多聞, 益矣. 友便辟, 友善柔, 友便佞, 損矣)."라고 하셨다. 중국 명나라의 학자 소준(蘇浚)은 『계명우기(鷄鳴偶記)』에서 네 가지 유형의 친구를 구분하였다. 첫째, 외우(畏友)는 뜻이 같고 서로의 잘못을 가감 없이 지적해 주는 벗으로, 존경과 두려움이 함께 따르는 존재이다. 둘째, 밀우(密友)는 생명을 서로 의탁할 만큼 신뢰가 깊은 친구로, 어떤 위기 속에서도 함께할 수 있는 관계를 말한다. 셋째, 닐우(昵友)는 장난을 치고 놀이를 함께하는 가벼운 벗으로, 즐거움은 있지만, 삶의 무게를 함께 나누기에는 부족하다. 넷째, 적우(賊友)는 오로지 이익 때문에 맺어진 친구로, 상황이 변하면 언제든 등을 돌릴 수 있는 위험한 관계를 뜻한다.

불교 문헌인 『불설패경초(佛說孛經抄)』에도 흥미로운 친구의 유형이 기록되어 있다. 여기서는 네 가지 상징적 비유를 통해 인간관계를 드러낸다. 먼저, 화우(花友)는 꽃과 같은 친구로, 꽃이 한창일 때는 머리에 꽂고 기뻐하지만 시들면 버려 버리듯, 부유할 때는 몰려들고 가난하면 떠나버리는 관계를 말한다. 다음으로, 칭우(稱友)는 저울처럼 기울어지는 친구로, 물건이 무거우면 고개를 숙이고 가벼우면 고개를 드는 것처럼, 주고받는 이익이 있을 때는 존경을 표하다가 그렇지 않으면 소홀히 여기는 유형이다. 또 다른 유형인 산우(山友)는 산에 모여드는 새와 짐승처럼, 권세 있는 사람 곁에 모여들어 영광과 즐거움을 함께 누리려는 벗을 의미한다. 마지막으로, 지우(地友)는 땅과 같은 친구로, 곡식과 재물을 길러내듯 끊임없이 베풀고 돌보며, 은혜가 두텁고 변함없는 참된 벗을 가리킨다.

고전에 나오는 좋은 친구에는 여러 부류가 있다. 먼저 붕우(朋友)는 가장 일반적인 친구로, 기본적인 동료애와 우정을 의미한다. 익우(益友)는 도움이 되는 친구로, 상대의 성장과 품성 향상을 돕는다. 공자가 가장 소중히 여긴 친구의 유형이다. 쟁우(諍友)는 직언하는 친구로, 잘못을 솔직하게 지적해 주는 이들이다. 진정한 관심에서 쓴 말을 해주는 친구다. 지우(摯友)는 진심으로 가까운 친구를 뜻하며, '꽉 잡다'라는 의미를 지녀 깊은 신뢰 관계를 나타낸다. 양우(良友)는 덕이 있는 좋은 친구로, 익우(益友)와 비슷하게 긍정적 영향을 주는 친구다. 반면 나쁜 친구도 있다. 손우(損友)는 해로운 친구로, 나쁜 길로 이끌고 허영심을 부추긴다. 적우(賊友)는 배신하는 친구로, 손우보다 더 나쁜 유형이다. 적극적으로 배신하고 해를 끼치는 친구다.

관계의 성격에 따라서도 다음과 같이 구분할 수도 있다. 지우(知友)는 나를 잘 아는 친구, 심우(心友)는 마음이 통하는 친구, 밀우(密友)는 비밀을 나누는 절친한 친구, 전우(戰友)는 어려운 일을 함께 헤쳐나간 동지, 고우(故友)는 오랜 친구를 의미한다. 때로는 세상을 떠난 벗을 일컫기도 한다. 우정의 유대 관계(友誼의 끈) 중 가장 깊은 유대는 팔배지교(八拜之交)라 부른다. 하늘과 땅, 그리고 서로에게 여덟 번 절하며 의형제를 맺는 의식에서 비롯된 가장 깊은 우정의 형태다. 모두 잘 아시는 관포지교(管鮑之交)는 관중과 포숙아의 우정으로, 서로를 완전히 이해하고 무조건 지지하는 관계를 뜻한다. 관중이 이익을 더 많이 가져가도 포숙아는 그의 사정을 이해했고, 나중에 정적이었던 관중을 재상으로 추천할 정도로 이타적인 우정을 보여주었다. 지음지교(知音之交)는 백아(伯牙)와 종자기(鍾子期)의 우정으로, 영혼이 통하는 친구를 가리킨다. 백아가 거문고를 탈 때 종자기만이 그 마음을 완전히 이해했고, 종자기가 죽자 백아는 거문고를 부수며 다시는 연주하지 않겠다고 맹세했다. 문경지교(刎頸之交)는 서로를 위해 목숨을 바칠 수 있는 우정으로, 조나라의 염파(廉頗)와 인상여(藺相如)의 이야기에서 유래했다. 교칠지교(膠漆之交)는 아교와 옻칠처럼 끈끈한 우정을 뜻한다. 떨어질 수 없는 견고한 관계를 의미한다. 계서지교(雞黍之交)는 약속을 반드시 지키는 신의 있는 우정으로, 범식(范式)과 장소(張劭)가 2년 후 만날 약속을 정확히 지킨 이야기에서 비롯되었다. 저구지교(杵臼之交)는 곡식을 찧던 방망이와 절구처럼, 가난하고 힘들던 시절부터 함께한 벗을 뜻한다. 어려운 생활을 함께하며 우정을 쌓은 친구를 의미한다.

이 밖에도 금란지교(金蘭之交)는 금처럼 귀하고 난초처럼 향기로운 의형제 우정을 뜻하며, 환난지교(患難之交)는 어려움을 함께 겪으며 형성된 우정, 빈천지교(貧賤之交)는 가난하고 미천할 때부터 사귄 진실한 우정, 군자지교(君子之交)는 군자의 우정으로 물같이 담담한 순수한 관계를 말한다. 망년지교(忘年之交)는 나이 차이를 잊은 세대 간 우정,

죽마지교(竹馬之交)는 대나무 말을 타고 놀던 어린 시절 친구를 가리킨다. 얕은 관계도 있다. 점두지교(點頭之交)는 고개만 끄덕이는 안면 정도의 관계, 일면지교(一面之交)는 한 번 만난 인연, 범범지교(泛泛之交)는 평범하고 깊지 않은 사귐을 뜻한다.

우정이란 결국 관계의 이름을 넘어서는 마음의 향기다. 고전에서 수없이 많은 벗의 유형을 분류하고, 수많은 고사를 통해 참된 벗을 노래한 까닭은 단순하다. 사람은 홀로 설 수 없고, 그 곁을 지켜주는 이는 언제나 '사람'이기 때문이다. 권세와 이익에 기댄 벗은 꽃이 시들듯 사라지지만, 진정한 우정은 땅처럼 묵묵히 곁을 지키며 삶을 풍성하게 한다. 공자의 가르침이든, 소준의 분류든, 불교의 비유든 결국 지향하는 바는 같다. 좋은 벗은 나를 바르게 하고, 깊은 벗은 나를 온전히 만든다.

오늘 우리의 인간관계는 더 빠르고 더 얇아진

듯 보인다. 그러나 진정한 벗은 여전히 우리의 삶을 비추는 등불이다. 우정은 숫자가 아니라 깊이에서, 화려한 말이 아니라 묵묵한 동행에서 빛을 발한다. 그래서 고전은 우리에게 다시 묻는다. 지금 당신 곁에 있는 이로운 벗(益友)인가? 해로운 벗(損友)인가?

61세의 젊은 나이에 돌아가신 김시천 시인의 한 구절이 이 오래된 질문에 따뜻한 대답을 건넨다.

좋은 친구

김시천(1956~2018)

가까이 있다고 다 좋은 것은 아니다 /그대가 먼 산처럼 있어도 /나는 그대가 보이고/ 그대가 보이지 않는 날에도 /그대 더욱 깊은 강물로 내 가슴을 흘러가나니/ 마음 비우면 번잡할 것 하나 없는 무주공산/ 그대가 없어도 내가

있고 /내가 없어도 그대가 있으니/ 가까이 있지 않아서/ 굳이 서운할 일이 무어랴

제18장

스승(師)이란 누구인가?

오늘날 우리는 스승을 단순히 지식을 전하는 교사(敎師)로만 이해하기 쉽다. 그러나 동서고금을 돌아보면 스승의 의미는 단순한 지식 전달을 넘어, 삶을 인도하고 인간을 완성으로 이끄는 깊은 자리였다. 예로부터 스승의 자리를 상징하는 말로 '고비(皐比)'가 있다. 이는 강단 위에 펼쳐 놓은 호랑이 가죽을 가리키는데, 스승의 권위와 책임을 나타내는 표상이다. 송(宋)나라의 대철학자 장횡거(張橫渠)는 수많은 제자를 거느린 명망 높은 학자였다. 그러나 어느 날 두 젊은 학자, 정호(程顥)와 정이(程頤)를 만나 『주역(周易)』을 논한 뒤 그들의 학문적 깊이에 크게 감탄하였다. 이튿날 그는 자신이 강의할 때 앉던 '고비(皐比)'를 거두어들이며 이렇게 말했다.

> "내가 지난날 강의한 것은 도(道)를 혼란스럽게 한 것이니라. 두 정(程) 씨가 근래에 왔는데 도를 밝게 알고 있어 내가 미칠 수 있는 바가 아니었다."

그는 곧 강단을 떠나 고향으로 돌아갔다. 사람들은 이를 두고 '횡거철피(橫渠撤皮)', 혹은 '용철고비(勇撤皐比)'라 하여, 스승의 자리를 과감히 내려놓은 장횡거(張載)의 용기를 칭송하였다. 스승의 자리는 권위가 아니라 도 앞에서 겸손할 줄 아는 태도임을 보여주는 일화다.

공자(孔子)는 『논어』「술이」편에서 "세 사람이 길을 걸으면 반드시 내 스승이 있다(三人行, 必有我師焉)."라고 하였다. 스승은 반드시 나보다 훌륭한 사람만을 뜻하지 않는다. 삶의 태도나 작은 지혜 속에서도 배울 것이 있다면 그는 곧 나의 스승이다. 스승과 제자의 관계란 일회성 만남이 아니라, 서로를 성장하게 하는 긴 여정에서 맺어지는 법이다. 이른바 '교학상장(教學相長)', 곧 가르치고 배우는 과정에서 스승도 제자도 함께 자란다.

'스승 사(師)'라는 글자는 본래 군대 조직을 가리켰다. 『설문해자(說文解字)』에는 "사(師)는 2,500명의 병력을 단위로 한 군부대 조직을 뜻한다(二千五百人爲師, 四帀衆意也)."라고 설명한다. 따라서 스승이란 본디 큰 무리를 거느린 지도자를 가리킨 말이었다. 또한 '사(師)' 자는 맹수의 으뜸인 사자(獅子)의 형상에서 비롯되었다는 해석도 있다. 우두머리, 지도자의 의미가 여기에 담긴 것이다. 나아가 '사(師)'는 '밝혀 세워 덮는다'라는 뜻을 시니는데, 이는 모든 것을 관장하고 아우른다는 의미로 확장되었다. 『설문(說文)』에서는 "경사(京師)란 큰 무리를 일컫는 말이니, 무리가 있으면 반드시 이를 주관하는 자가 있어야 한다(京師者, 大衆之稱, 衆則必有主之者)."라고 하였다. 결국 스승이란 단순한 교사가 아니라, 무리를 거느리며 도를 이끌어 가는 지도자의 자리였다.

맹자(孟子)는 "사람들의 큰 병통은 남의 스승이 되기를 좋아하는 데 있다(人之患, 在好爲人師)."라고 경계하였다. 남이 의뢰하여 마지못해 가르치는 것은 옳지만, 스스로 스승 되기를 즐긴다면 그 순간 더 나아갈 길이 끊기고 만다. 스승의 자리는 명예가 아니라 책임이며, 오히려 자신을 끊임없이 비워내야 가능한 자리다. 안연(顔淵)은 공자에게 배움을 얻으며 이렇게 탄식했다.

"우러러볼수록 더욱 높으시고, 뚫고 들어갈

에 더욱 견고하시며, 바라보면 앞에 계시는가 싶더니 홀연히 뒤에 계시도다(仰之彌高, 鑽之彌堅, 瞻之在前, 忽焉在後)."

공자는 차근차근 사람을 이끌어 문(文)으로 지식을 넓히고, 예(禮)로 행실을 바르게 하였다. 그래서 제자는 그만두려 해도 그만둘 수 없고, 이미 힘을 다해도 여전히 따라잡을 수 없는 법이었다. 이것이 스승의 위대함이다. 노자(老子)의 스승 상용(商容)은 죽음을 앞두고 마지막 가르침을 노자에게 전하였다. 그는 노자에게 혀와 치아를 보여주며, 치아는 단단하기에 빠져 없어졌지만, 혀는 부드럽기에 오래 남았음을 일깨웠다. "부드러움이 단단함을 이긴다(柔弱勝剛强)." 이 가르침은 훗날 노자의 『도덕경(道德經)』에서 "가장 훌륭한 것은 물과 같다(上善若水)."라는 사상으로 이어졌다. 스승은 이렇게 짧은 순간에도 삶의 깊은 이치를 전하는 존재였다.

당(唐)나라의 문호 한유(韓愈)는 『사설(師說)』에서 "옛날 배우려는 사람에게는 반드시 스승이 있었는데 스승이란 도를 전하고 학문을 가르치며 의혹을 풀어주는 자(古之學者必有師, 師者, 所以傳道受業解惑也)."라고 하였다. 한유는 나이, 지위, 출신을 불문하고 도(道)가 있는 곳에 스승이 있다고 강조했다. 그런데도 당시의 지식인들은 스승에게 배우기를 부끄러워하였다. 그는 이를 통렬히 비판하며 "성인은 더욱 성스러워지고, 어리석은 자는 더욱 어리석어지는 것은 다 이 때문이 아니겠는가?"라고 개탄하였다. 무당, 의원, 악사, 장인들은 서로 스승으로 삼아 배움을 부끄러워하지 않는다. 그러나 사대부만은 동년배에게 배우는 것을 비웃고, 지위가 낮은 자를 스승으로 모시는 것을 수치로 여긴다. 결국 배우지 않으니 도는 잃고 만다. 한유는 이를 바로잡고자 『사설』을 써서, "제자가 반드시 스승보다 못한 것이 아니며, 스승이 반드시 제자보다 뛰어난 것도 아니다. 도를 듣는 데는 먼저와 나중이 있을 뿐(弟子不必不如師, 師不必賢於弟子; 聞道有先後)."이라 하였다.

인생의 성장에는 세 가지 큰 인연이 필요하다. 첫째는 부모(父母), 둘째는 스승(師), 셋째는 도반(道伴)이다. 부모의 가르침은 인생의 출발점이 되고, 스승의 전수는 학문과 인격의 초석을 세우며, 도반은 함께 배우며 성장하는 동행자가 된다. 『순자(荀子)』「권학(勸學)」편에 이르기를, "쑥이 삼밭에서 자라면 기대지 않아도 곧게 선다(蓬生麻中, 不扶而直)."라고 하였다. 좋은 벗은 인격의 거울이다. 그러나 더 위대한 스승은 역사의 성현(聖賢)들이다. 그들의 저술과 사상은 오늘의 우리를 높이는 거인의 어깨가 된다. 서양의 철학자 베르나르 드 사르트르가 “난쟁이는 거인의 어깨 위에 선다(Nanos gigantum humeris insidentes).”라고 한 것처럼, 우리는 옛 성현의 사유 위에서 더 멀리 본다.

소식(蘇軾)은 “여산(廬山)의 참모습을 알지 못함은 다만 내가 그 산속에 있기 때문(不識廬山眞面目, 只緣身在此山中).”이라 읊었다. 이는 우리가 사물의 본질을 제대로 이해하려면 때로는 한 발 물러나 넓은 시야를 확보해야 한다는 뜻이다. 마찬가지로 『주역(周易)』 「계사전(繫辭傳)」에서는 “하늘을 우러러보면 상징을 보고, 땅을 내려다보면 법칙을 본다(仰則觀象於天, 俯則觀法於地).”라고 하여, 천지의 이치를 관찰함으로써 인간이 깨달음을 얻을 수 있음을 강조한다. 또한 공자는 “옛것을 새롭게 깨달아 다른 이를 가르칠 수 있는 자격을 얻게 된다(溫故而知新, 可以爲師矣).”라고 말하여, 선인의 가르침을 바탕으로 배움의 깊이를 더할 것을 가르친다. 장자(莊子)는 "나의 삶은 유한하나 앎은 무한하다(吾生也有涯, 而知也無涯)."라고 하여, 인간의 유한한 삶은 무한한 성현의 지식에 기대어야 비로소 빛을 발할 수 있음을 일깨운다.

그래서 스승이란 곧 높은 다락이고, 거인의 어깨이며, 앞서간 이들의 발자취이다. 당나라 시인 왕지환(王之渙)이 "천 리 밖을 보려면 더 높은 다락에 올라야 한다(欲窮千里目, 更上一層樓)."라고 읊었듯이, 우리는 스승을 통해 시야를 넓힌다.

오늘날 우리는 흔히 '스승 없는 시대'를 말한다. 그러나 사실은 보이지 않는 스승이 늘 곁에 있다. 책 속의 고전, 선배의 삶, 동료의 충고, 심지어 아이들의 순수한 말조차도 우리를 가르친다. 우리가 그 어깨를 외면할 때, 우리의 시야도 함께 낮아진다. 스승은 멀리 있지 않다. 하늘과 땅이 스승이고,

부모와 도반이 스승이며, 성현과 고전이 스승이다. 그리고 나아가 매일 만나는 모든 사람 속에도 스승이 있다. 중요한 것은 배우려는 자세다. 우리가 그들의 어깨를 외면할 때, 우리의 시야도 함께 낮아진다. 고전을 읽고, 스승을 찾고, 도반과 함께 걸을 때 비로소 인간은 '배움의 즐거움'을 되찾는다. 그리고 이것이야말로 진정한 성장의 출발점이다. 스승이란, 곧 삶의 길 위에서 함께 걸으며 서로를 비추는 등불이다.

제19장

원칙을 희생한 권력은 과연 성공일까?

『논어』에는 짧지만 의미심장한 한 장면이 등장한다. 노나라의 실권자였던 계씨(季氏)의 가신이자 권력을 좌지우지하던 양호(陽虎)가 공자(孔子)를 직접 찾아온 것이다. 그는 단순한 방문객이 아니라, 당시 노나라 정치 질서를 어지럽힌 대표적 실력자였다. 주군과 귀족 자제들을 몰아내고 권력을 장악한 그는 사실상 정권을 좌지우지한 배신자적·야심가적 인물로 기록된다. 공자와 양호의 만남은 흔히 '현실주의자와 이상주의자의 대화'라 불린다. 이 대목은 『논어』 「양화(陽貨)」편에 전해진다.

양호가 공자께 말하기를,
"이리 오시오. 내 그대와 더불어 할 말이 있

소. 보배를 품고 있으면서 나라를 혼미(昏迷)하게 내버려 두는 것을 인(仁)이라고 할 수 있겠소?"

공자가 답하기를, "할 수 없습니다."

"일에 종사하기를 좋아하면서 자주 때를 놓치는 것을 지혜롭다고 할 수 있겠소?"

공자가 답하기를, "할 수 없습니다."

(양호가) "해와 달은 가는 것이니 세월은 나와 더불어 머물러 주지 않소."

공자가 말하기를, "알겠습니다. 내 장차 벼슬하겠습니다."

짧은 대화지만, 그 안에는 시대적 긴장과 철학

적 대립이 응축되어 있다. 양호는 세 가지 날카로운 질문을 던졌다. 첫 번째 질문은 "보배를 품고 있으면서 나라를 혼미(昏迷)하게 내버려 두는 것을 인(仁)이라고 할 수 있겠는가(懷其寶而迷其邦, 可謂仁乎)?"라는 것이다. 여기서 '보물(寶)'은 공자가 지닌 도덕적 학문과 사상을 비유한다. 양호의 눈에 비친 공자는, 고결한 사상이 있으면서도 혼란한 정치를 방치하는 인물처럼 보였다. 그는 인(仁)이 단순한 내적 덕목이 아니라 사회적 현실을 교정하는 '실천적 행위'가 되어야 한다고 지적한 셈이다. 이는 공자의 태도에 대한 도발이었다. 공자가 정치 참여를 주저하는 모습은 현실 고통을 외면하는 것처럼 비쳤을 수 있다. 양호는 바로 이 점을 파고들었다. 오늘날로 치면, 지식인이 사회적 불의 앞에서 침묵하는 것을 비판한 것과 같다. 두 번째 질문은 "일에 종사하기를 좋아하면서 자주 때를 놓치는 것을 지혜롭다고 할 수 있겠소(好從事而亟失時, 可謂知乎)?"라는 것이다. 양호의 시각은 실용적이었다. 지혜란 단순한 지식이나 통찰이 아니라, 실행력과 성과로 입증되어야 한다는 것이다. 아무리 탁월한 학문을 지니고 있어도 세상을 바꾸지 못하면 무의미하다는 현실주의자의 논리였다. 이에 대해 공자는 단호히 "할 수 없습니다."라고 잘라 말한다. 공자에게 지(智)는 단순한 기민한 처세술이나 현실 적응 능력이 아니었다. 그것은 올바름을 분별하는 능력, 도리에 따라 행동하는 분별력이었다. 따라서 원칙을 훼손하면서까지 권력에 뛰어드는 것은 결코 지혜가 될 수 없었다. 세 번째 질문은 더욱 압박감이 담겨 있다. "해와 달은 가는 것이니 세월은 나와 더불어 머물러 주지 않소(日月逝矣, 歲不我與)." 여기서 양호는 시간의 긴급성을 강조한다. 정치적 혼란 속에서 '때를 기다린다.'라는 공자의 태도는 그에게 답답하고 무력하게 보였다. 이에 공자는 겉으로는 "알겠습니다. 내 장차 벼슬하겠습니다(諾. 吾將仕矣)."라고 응답했으나 실제로는 나아가지 않았다. 이는 단순한 기만이 아니라, 원칙과 현실 사이에서 깊은 고민을 보여준다. 『논어』에서 이를 '경권(經權)'의 문제로 이해할 수 있다. '경(經)'은 흔들리지 않는 도리이고, '권(權)'은 상황에 따른 융통성을 뜻한다. 공자는 권의 필요성을 인정했으나, 그것이 경을 무너뜨리는 수준까지는 허용하지 않았다.

공자가 정치 일선에서 물러난 이유는 바로 정명(正名)의 원칙(必也正名乎) 때문이다. 정명론(正名論)은 오랫동안 유가 정치철학의 대표적 이론으로 간주되어왔다. 정명은 명분론과 명실론의 측면, 즉 도덕적 실천학과 언어 의미론을 아울러 포함한다. 한마디로 정명은 유가의 도덕적 활동이며, 실천과 이론, 이성과 감성의 영역이 섞여 있는 활동이다.

공자가 정치에 뛰어든 목적은 권력 그 자체가 아니라 '도(道)'의 구현이었다. 그가 노나라의 실질적 권력자였던 삼환(三桓) 가문 즉 계손씨(季孫氏), 숙손씨(叔孫氏), 맹손씨(孟孫氏)와 타협하지 않은 이유가 여기에 있다. 공자는 "임금은 임금다워야 하고, 신하는 신하다워야 한다(君君臣臣)."라는 질서를 정치의 근본으로 보았다. 당시 명목상 군주는 노정공(魯定公)이었지만, 노나라의 군주는 허수아비였고, 삼환(三桓) 가문이 권력을 독점하고 있었다. 공자가 이들과 타협하는 것은 곧 정명을 훼손하는 일이었다. 그는 『논어』에서 "군자는 의에 견주어서 깨닫고, 소인은 이익에 견주어서 깨닫는다(君子喩於義, 小人喩於利)."라고 단언했다. 권력의 정당성은 인(仁)과 예(禮)를 바탕으로 한 덕치(德治)에 달려 있으며, 수단이 목적을 배반하는 순간 그 권력은 더는 의미가 없다는 것이 공자의 확고한 믿음이었다. 공자가 삼환과 협력해 권력을 잡았다면, 그것은 의가 아니라 이익을 따르는 일이었을 것이다. 정치적 좌절을 감수하면서도 그는 원칙을 지켰다. 이는 일시적 실패처럼 보였지만, 결과적으로 유가 사상을 권력으로부터 독립시키는 계기가 되었다. 양호의 현실 비판은 일리가 있었다. 그러나 문제는 그가 택한 수단이었다. 그는 권모술수와 무력으로 권력을 장악했다. 공자에게 이런 방식은 예(禮)와 정명(正名)에 어긋난 것이었다. 결국 이 대화는 '좋은 목적을 위해 나쁜 수단을 정당화할 수 있는가?'라는 철학적 물음으로 수렴된다. 양호는 결과와 실용을 붙들었고, 공자는 원칙과 정당성을 지켰다. 오늘날의 정치학적 언어로 표현하자면, 이는 '마키아벨리즘적 현실주의'와 '도덕주의적 이상주의'의 충돌이었다.

공자의 퇴진은 단기적으로는 정치적 패배였다. 하지만 장기적으로는 도덕적 권위를 세우는 계기가 되었다. 만약 공자가 현실 권력과 타협해 벼슬을 유지했다면, 유가 사상은 기득권층의 통치 이념으로 전락했을지도 모른다. 그는 권력을 잃는 대신 도덕적 정당성을 얻었고, 그것이 후대에 유가가 '학문적·윤리적 전통'으로 존속할 수 있는 토대가 되었다. 2,500년이 지난 지금, 양호와 공자의 대립은 여전히 살아 있다. 현실 없는 이상은 공허하고, 이상 없는 현실은 방향을 잃는다. 양호의 조급함과 공자의 원칙 사이에서 우리가 얻을 교훈은 '균형의 미학'이다.

현대 정치에서도 단기적 실용을 앞세워 원칙을 희생하면 반드시 부작용이 돌아온다. 반대로 원칙만을 고집해 현실을 외면하면 무력해진다. 따라서 지도력의 본질은 원칙과 현실, 경과 권 사이에서 올바른 균형을 찾는 데 있다. 공자는 권력을 도덕적 목적을 위한 수단으로 보았지, 권력 그 자체를 목적으로 삼지 않았다. 이는 오늘날에도 유효한 메시지다. 권력의 정당성은 결국 도덕성에서 나오며, 원칙 없는 권력은 오래가지 못한다는 사실을 공자의 삶은 웅변하고 있다.

양호와 공자의 짧은 대화는 단순한 개인적 만남이 아니라, 현실주의와 이상주의의 영원한 대립을 압축한 장면이다. 양호의 질문은 지금도 유효하다. '이상을 머리로만 품고 행동하지 않는 것은 과연 옳은가, 지혜란 실행력이 아닌가, 시간은 기다려주지 않는데 언제까지 망설일 것인가?' 그러나 공자의 대답 역시 여전히 울림이 있다. 그는 원칙 없는 행동은 인(仁)도, 지(智)도 될 수 없다고 보았다. 현실의 긴급성보다 더 중요한 것은 도덕적 정당성이라는 믿음이었다. 단기적 실용이나 권력 유지의 명분으로 원칙이 희생될 때, 그것은 반드시 부작용과 부메랑으로 돌아온다. 결국 이 고전적 사례는 우리에게 묻는다. '권력을 목적 그 자체로 삼을 것인가, 아니면 도덕적 가치를 실현하는 수단으로 삼을 것인가?' 공자의 선택은 분명했다. 그는 권력을 잃는 대신 도덕적 권위를 얻었고, 그 선택이야말로 유가 정치철학의 핵심 정신을 오늘에까지 전하고 있다.

제20장

SNS 시대, '마음을 되찾는 공부'

오늘날 한국 사회와 세계 곳곳을 지배하는 SNS 문화는 '보여주기'와 '비교하기'의 경쟁 무대다. 사람들은 명품, 고급 음식, 화려한 경력 등을 인증하며 남들에게 잘 보이려 한다. 그러나 이런 과시는 타인의 시선을 일시적으로 끌어올 뿐, 내면의 공허를 채워주지 못한다. 오히려 본래의 마음, '본심(本心)'을 잃게 만든다. 공자는 제자 자로(子路)에 대해 이렇게 말했다.

"해진 솜옷을 입고도, 여우·담비 가죽으로 만든 고급 옷을 입은 사람과 함께 서서 부끄러워하지 않는 자는 아마 자로일 것이다(衣敝縕袍, 與衣狐貉者立而不恥者, 其由也與)." 공자는 이 구절에서 자로의 내면적 자존감과 실력을 높이 평가했다. 겉모습이

초라해도 자신의 가치를 알고 있는 사람은 외적 장식에 흔들리지 않는다. 오늘날 우리가 SNS를 통해 화려함을 증명하려 애쓰는 모습은 자로의 태도와 정반대다.

맹자는 『맹자』 「고자상」 제11장에서 이렇게 말했다. "인(仁)은 사람의 마음이요, 의(義)는 사람이 걸어야 할 길이다. 그 길을 버리고 가지 않으며, 그 마음을 잃고도 찾을 줄 모르니 애통하다. 사람들은 닭이나 개를 잃으면 찾을 줄 알면서도, 잃어버린 본심(放心)은 찾을 줄 모른다. 학문의 도는 다른 것이 아니라, 잃어버린 그 마음을 찾는 것일 뿐이다(仁, 人心也; 義, 人路也. 舍其路而不由, 放其心而不知求, 哀哉！ 人有鷄犬, 放則知求之; 有放心而不知求. 學問之道, 無他, 求其放心而已矣)." 맹자의 '구방심'은 단순한 수양의 조언이 아니라, 인간의 도덕적·실존적 중심을 되찾으라는 실천적 요청이다. 닭과 개 같은 하찮은 것조차 잃으면 찾으면서, 정작 가장 소중한 본심을 잃고도 찾지 않는다는 통찰은 오늘날에도 그대로 적용된다.

유가 전통에서 강조하는 환아잠(換我潛)은 문자 그대로 '나를 바꾸어(換) 더 깊이 잠기게(潛)' 한다는 의미로, 오늘날 말하는 '자기 전환(self-transformation)'에 가깝다. 즉, 외부의 가치·타인의 시선에 종속된 '외적 자아'를 벗어나, 본래의 '내적 자아'로 깊이 잠수하듯 내려가는 공부다. 맹자가 '구방심(求放心)'이라 한 것도 결국 이 환아잠의 길과 통한다. 이는 공자와 맹자의 학통을 이은 성리학(性理學)에서 심성(心性)을 갈고 닦는 공부를 설명할 때 활용된다. 구체적으로는 '옛 자기(私我)를 버리고 천리(天理)에 합일하는 상태'를 지칭하며, 『주역(周易)』이나 『중용(中庸)』의 '성(誠)' 사상과 연결된다. 환아잠의 과정에는 사욕(私慾)을 제거하고 본연의 성(性)을 회복하는 '극기복례(克己復禮)'의 실천이 수반된다.

『장자(莊子)』「인간세(人間世)」편에 안회(顏回)가 공자에게 '심재(心齋)'에 관해 묻는 대화에서 등장한다. 심재는 '마음의 재계(齋戒)'를 의미하며, 형식적인 재계가 아닌 마음의 청정(淸淨)을 추구한다. 공자는 "마음을 하나로 모아 듣지 말고 귀로 듣고, 마음으로 듣지 말고 기(氣)로 들어라. 귀는 듣는 데 그치고, 마음은 부합하는 데 그치지만, 기는 허령(虛靈)하여 외물을 받아들인다. 도는 오직 허(虛)에 모인다. 허가 바로 심재다(若一志, 無聽之以耳而聽之以心, 無聽之以心而聽之以氣! 聽止於耳, 心止於符. 氣也者, 虛而待物者也. 唯道集虛. 虛者, 心齋也)."라고 설명한다. 이는 감각과 사유를 초월하여 '기'의 허정(虛靜) 상태로 들어가는 것을 핵심으로 한다. 또 「대종사(大宗師)」편에서 안회가 공자에게 "회(回)가 좌망(坐忘)을 얻었습니다(回坐忘矣).”라고 말하는 장면이 등장한다. 좌망은 ‘앉아서 잊는다’라는 의미로, 신체(肢體)와 지각(聰明)을 벗어나 ‘도(道)와 하나 됨(同於大通)’에 이르는 경지를 말한다. 즉, 육체의 제약과 지적 분별을 초월하여 절대적 자유(大通)에 도달하는 무위(無爲)의 상태를 지칭한다. 한자로는 앉을 좌(坐), 잊을 망(忘)이다. 환아잠, 심재, 좌망은 동아시아 철학에서 수양의 경지를 논할 때 빼놓을 수 없는 개념들이며, 각각 유가와 도가의 인간 완성에 대한 독특한 시각을 반영하고 있다.

『논어』「위령공(衛靈公)」편의 “군자가 의(義)를 바탕으로 삼고, 예로서 행하며 겸손함으로써 나타내며 믿음으로써 이룬다(義以為質, 禮以行之, 孫以出之, 信以成之).”라는 말도 결국 이런 유가적 내면의 ‘바탕(質)’을 다시 단단히 세우는 과정이기도 하다. 「옹야(雍也)」편에서 공자가 안회(顏回)를 두고 “삼월불위인(三月不違仁)"이라 칭찬한다. 안회는 "한 번 배우면 석 달 동안 인(仁)에서 벗어나지 않았다."라는 뜻이다. 이는 단발적·즉흥적이 아니라 지속적·체화된 내면 공부를 상징한다. 또한 유학의 전통 수양론에는 '사이후폐(四以後廢)'라는 말이 있다. 네 가지 공부 즉 거경(居敬: 몸가짐의 경건함), 궁리(窮理: 이치 탐구), 존양(存養: 마음 보존과 기름), 역행(力行: 실천)을 하나라도 소홀히 하면 이후의 모든 공부가 무너진다는 뜻이다. 즉, 내면 공부와 외면 공부는 분리되지 않으며, 단속적이 아니라 통합적이어야 한다는 말이다.

이인로(李仁老:1152~1220)는, 『파한집(破閑集)』에서 "천지는 만물에 있어 좋은 것만 다 가질 수는 없게 하였다. 따라서 뿔 있는 놈은 이빨이 없고, 날개가 있으면 다리가 두 개뿐이다. 이름난 꽃은 열매가 없고, 채색 구름은 쉬 흩어진다. 사람에 이르러서도 또한 그러하다. 기특한 재주와 빼어난 기예로 뛰어나게 되면 공명이 떠나가 함께하지 않는 이치가 그러하다(天地之於萬物也, 使不得專其美. 故角者去齒, 翼則兩其足, 名花無實, 彩雲易散. 至於人亦然之以奇才茂藝, 則革功名而不與, 理則然矣).”라고 하였다. 우리는 인생에서 모든 것을 가질 수 없다는 사실을 받아들여야 한다. 결국 “천지는 만물에 있어 좋은 것만 다 가질 수는 없게 하였다(天地之於萬物也, 使不得專其美).” 홍자성(洪自誠)은 『채근담(菜根譚)』에서 “꽃은 반만 피고, 술은 살짝 취했을 때가 가장 아름답고 즐거울 때다(花看半開, 酒飮微醺, 此中大有佳趣).”라고 하였다. 『맹자』에도 “생선(魚)도 내가 원하는 것이고, 곰 발바닥(熊掌)도 내가 원하는 것이나, 두 가지를 함께 얻을 수 없으면 생선을 버리고 곰 발바닥을 취한다(魚, 我所欲也; 熊掌, 亦我所欲也. 二者不可得兼, 舍魚而取熊掌者也).”라는 말이 있다.

이 모든 고전의 메시지는 결국 '자기 자신으로 돌아오라'라는 한마디로 귀결된다. SNS의 '좋아요' 숫자, 팔로워 수, 브랜드 로고가 아니라, 내면의 본심·정신·기운을 기르는 공부가 우선되어야 한다는 것이다. SNS 시대의 '보여주기'는 본심을 방치하게 만든다. 그러나 '환아잠(換我潛)'적 자기 전환, 맹자의 '구방심(求放心)', 장자의 '좌망(坐忘)', 안회의 '심재(心齋)'와 '삼월불위(三月不違)' 같은 꾸준한 실천이야말로 현대인에게 절실한 공부다. 공자의 자로처럼, 해진 옷을 입었더라도 당당할 수 있는 내적 자존감과 실력, 맹자가 강조한 잃어버린 마음을 찾는 공부, 장자와 안회의 마음을 비우는 공부가 오늘날 우리에게 큰길을 제시한다. 진정한 품격은 겉으로 드러나는 것이 아니라 내면에서 비롯된다. SNS의 허상 속에서 벗어나, 고전이 전하는 수양의 길로 돌아갈 때, 우리는 비로소 자신만의 철학과 삶의 길을 찾게 될 것이다.

고전의 길을 따른다면, 우리는 남과 비교하는 삶이 아니라 스스로 만족하는 삶을 살게 된다. 그것이야말로 SNS 시대를 건너는 진정한 지혜일 것이다. SNS 팔로워의 수와 '좋아요'의 개수는 하루아침에 바뀌지만, 마음의 공부는 사라지지 않는다. 진실한 자기의 회복을 뜻한다. 성실한 마음이 쌓이면 하늘과도 통한다는 말처럼, SNS의 가상스러운 인정이 아니라 인간의 본심과 진실한 성정이야말로 하늘과 맞닿는 길이다. 오늘 우리가 다시 고전으로 눈을 돌려야 하는 까닭이 여기에 있다. 고전은 단순한 옛사람의 기록이 아니라, 현재를 살아가는 우리를 위한 거울이다. 공자의 '부끄러워하지 않는 마음', 맹자의 '잃은 마음을 찾는 공부', 장자의 '잊음으로 들어가는 자유'는 모두 '자기 자신으로 돌아가라'는 요청이다.

제21장

계급 속의 효(孝), 인간의 도리와 사회의 질서

고전 문헌 가운데 『논어』를 읽다 보면 공자가 제자들과 나눈 대화 속에 효(孝)의 본질이 드러나는 대목이 자주 발견된다. 효는 단순히 부모를 공경하는 미덕으로만 그치지 않고, 인간 삶의 근본이자 사회 질서의 기초로 자리 잡아 왔다. 맹무백(孟武伯)이 공자에게 '효란 무엇인가?'를 물었을 때, 공자는 "부모는 그저 자식이 병들까만 걱정할 따름이네(父母唯其疾之憂)."라고 답했다. 이 대답은 효의 본질을 단박에 보여준다. 부모의 마음속에 자리하는 가장 큰 염려는 자식이 병들어 고통받지 않을까 하는 것이고, 따라서 자식이 된 자는 부모의 마음을 안심시키는 것, 곧 부모의 걱정을 덜어주는 것이 가장 큰 '효'라는 것이다.

맹무백은 노(魯)나라 대부 맹의자(孟懿子)의 아들이었다. 성격이 거칠고 포악하여 아버지에게 근심을 끼치던 인물이었기에, 공자는 그에게 병들지 않는 삶, 곧 나쁜 습관과 태도를 고치는 것이 곧 부모를 위한 효도라고 일깨운 것이다.

효란 단순히 부모에게 먹을 것을 제공하는 차원을 넘어, 자식 자신의 몸과 마음을 바르게 세우는 데서 시작한다는 점을 짚어주신 것이다. 『효경(孝經)』에서도 이 뜻을 확장하여, "신체와 머리털과 피부는 부모에게서 받았으니 감히 훼손하지 않는 것이 효의 시작이며, 몸을 세우고 도를 실천하여 이름을 후세에 떨쳐 부모를 드러내는 것이 효의 끝이다(身體髮膚, 受之父母, 不敢毁傷, 孝之始也. 立身行道, 揚名於後世, 以顯父母, 孝之終也)."라고 했다. 효는 부모를 잘 섬기는 데서 시작하여, 임금을 섬기고, 나아가 자신의 몸을 세워 사회에 이바지하는 데 이른다. 곧 개인적 덕성과 사회적 책임이 함께 어우러지는 종합적 덕목인 셈이다.

공자가 칭찬한 제자 민자건(閔子騫)의 사례는 효의 의미를 더 생생하게 보여준다. 민자건은 어머니를 일찍 여의고 계모 밑에서 자랐는데, 계모는 자기 자식들만 편애하며 민자건을 홀대하였다. 추운 겨울날 아버지와 함께 수레를 몰다가 옷이 너무 얇아 손이 곱아 고삐를 놓치자, 아버지가 꾸짖으며 채찍을 휘두르는데 옷이 찢기자 갈꽃이 흩날렸다. 그제야 아버지는 계모가 민자건에게 갈꽃으로 지은 옷을 입히고, 자기 아들들에게는 따뜻한 솜옷을 입혔다는 사실을 알았다. 분노한 아버지가 계모를 내쫓으려 하자, 민자건은 울며 만류했다. "계모를 버리시면 두 동생이 추울 것이요, 그대로 두시면 제가 추울 따름입니다." 아버지는 그의 말을 듣고 감동하여 계모를 용서했고, 계모 또한 크게 뉘우쳐 그때부터 민자건을 친자식과 다름 없이 사랑하였다. 민자건의 효심은 단순히 자신을 돌보는 것이 아니라 부모와 형제를 생각하는 깊은 우애와 자비로움이었다. 그는 중국의 24효 가운데 한 사람으로 꼽히며, 후세의 본보기가 되었다.

이처럼 고전에서 효는 단순한 부양의 의무에 머물지 않는다. 효의 길에는 뚜렷한 단계가 있다. 공자는 『논어』 「위정(為政)」편에서 "요즘의 효란 그저 부모를 부양하는 것을 말하는데, 그것은 개나 말도 할 수 있는 일이다. 공경이 없다면 무엇으로 다르다 하겠는가(今之孝者, 是謂能養, 至於犬馬, 皆能有養, 不敬, 何以別乎)?"라고 일침을 가했다. 물질적으로 먹이고 입히는 것은 효의 가장 낮은 단계에 불과하다. 이른바 '주식지봉(酒食之奉)'이라 불리는 물질적 봉양은 기초일 뿐이다.

진정한 효는 부모를 공경하는 마음이 담겨야 한

다. 『예기(禮記)』에는 이를 더욱 분명히 구분하여, “효에는 세 가지가 있으니, 가장 큰 효는 부모를 존숭하는 것이고, 그다음은 부모를 욕되게 하지 않는 것이며, 그 아래가 단순히 봉양하는 것이다(孝有三, 大孝尊親, 其次弗辱, 其下能養).”라고 했다. 즉 물질적 봉양만으로는 부족하며, 부모를 진심으로 존숭하고, 그 뜻을 거스르지 않으며, 삶 전체를 바르게 살아감으로써 부모의 명예를 빛내는 것까지 나아가야 한다는 것이다.

효의 두 번째 단계는 ‘색난(色難)’으로 요약된다. 이는 부모를 모시는 데 있어 밝은 얼굴과 부드러운 태도를 유지하는 일이 얼마나 어려운지를 말한다. 아무리 물질적으로 잘 봉양한다 해도 자식이 얼굴에 짜증을 드러내거나 불쾌한 기색을 보이면 부모의 마음은 상한다. 따라서 부모를 대할 때 표정과 태도에 공경심이 드러나는 것이 중요하다.

이것은 마음의 효가 외적 모습으로 구체화하는 과정이며, 부모에게 참된 위안을 주는 길이다.

세 번째 단계는 '양심(養心)'이라 부르는 경지다. 『효경』은 효의 완성을 "몸을 세우고 도를 행하여 이름을 후세에 드날려 부모를 드러내는 것(立身行道, 揚名於後世)."이라 하였다. 즉 자식이 사회적으로 올곧게 서고 도덕적 완성을 이루어 부모를 자랑스럽게 하는 것이야말로 효의 최고 경지다. 부모가 살아 계실 때뿐 아니라 돌아가신 뒤에도 자식의 올바른 삶을 통해 부모의 이름이 드러나고 빛나는 것이다. 이렇게 볼 때 효란 단순히 가정 안에서의 도리에 그치지 않고, 사회적 차원까지 확장되는 덕목이다.

더 나아가 고대 유가의 사상 속에서 효는 계급 질서와도 긴밀히 연결되어 있었다. 『예기』와 『효경』은 신분별로 서로 다른 효의 모습을 제시한다.

천자(天子)의 효는 온 세상에 본을 보이는 것(就)이었으며, 덕으로써 천하를 다스리는 것 자체가 부모에 대한 효였다. 제후(諸侯)의 효는 법도와 절제를 지켜 조상의 땅과 종묘를 보전(度)하는 데 있었고, 경대부(卿大夫)의 효는 예법에 맞는 언행과 품격으로 집안의 명예를 드러내는 것(譽)이었다. 사(士)의 효는 학문을 닦고 직분을 다하여 집안 제사를 이어가는 것(究)이었으며, 백성(民)의 효는 검소하면서도 최선을 다해 부모를 먹이고 입히는 봉양(養) 그 자체였다. 이처럼 효는 계급에 따라 다른 실천 양상을 띠었고, 개인의 도리를 넘어 사회 전체의 질서를 유지하는 규범으로 기능했다.

효의 범위는 또한 생전에서 사후까지 이어졌다. 부모가 살아 계실 때는 공경과 봉양이 중심이지만, 돌아가신 뒤에는 장례와 제사를 통해 그 도리가 이어진다. 『논어』에서 공자는 "상례는 간소하더라도 슬픔은 깊어야 한다(喪與其易也, 寧戚).”라고 하였다. 형식보다 중요한 것은 참된 슬픔이다. 장례가 끝나면 제사로 이어지는데, 이는 단순한 형식이 아니라 부모가 살아 계신 듯 공경하는 마음의 표현이다. 공자가 말한 “제사를 지낼 때는 조상이 곁에 계신 듯하고, 신에게 제사를 지낼 때는 신이 있는 듯해야 한다(祭如在, 祭神如神在).”라는 구절은 바로 이러한 태도를 보여준다.

고대 유가의 효 사상은 결국 생전의 봉양(奉養), 사망 직후의 장례(葬禮), 장례 이후의 제사(祭祀)로 체계화되었다. 생전에는 봉양과 순종(順從), 사망 직후에는 장례와 애통(哀痛), 장례 후에는 제사와 경의(敬意)가 어우러질 때 비로소 완전한 효가 성립한다고 본 것이다. 이는 고대 우리 사회를 지탱한 실질적 질서였다. 효는 가정에서 출발했지만, 그 정신은 사회와 국가로 확장되어 동아시아 전통

사회 전체의 도덕성과 안정을 떠받쳤다. 『논어』가 말한 “부모의 장례를 정성껏 치르고 먼 조상을 추모하면, 백성의 덕이 돈독해진다(愼終追遠, 民德歸厚矣).”라는 구절은 효가 개인의 덕목을 넘어 사회 전체의 도덕적 토대임을 보여준다.

오늘날 우리는 효를 종종 낡은 도덕이나 구시대적 유물로 치부한다. 그러나 고대 유가의 가르침을 다시 들여다보면, 효는 단지 부모에게 잘하는 것을 넘어서, ‘인간이 자신의 삶을 어떻게 바르게 세울 것인가?’, ‘사회 속에서 어떤 역할을 다할 것인가?’를 묻는 근본적인 철학적 과제였다. 부모의 마음을 안심시키는 것에서 출발하여, 밝은 얼굴과 공경의 태도로 이어지고, 궁극적으로는 도덕적으로 완성된 인간이 되어 부모를 빛내는 것, 이 모든 과정이 효였다. 그러므로 효는 과거의 윤리가 아니라, 오늘날에도 여전히 울림을 주는 삶의 길이다.

제22장

문인상경(文人相輕)

'문인상경(文人相輕)'. 글 쓰는 사람들은 서로를 경멸한다는 뜻이다. 문필가들은 대체로 자신이 지은 문장을 최고로 여기고, 동료의 글솜씨를 가볍게 여기는 경향이 있다. 글은 인격의 그림자이건만, 그 그림자를 자랑하다 보면 결국 실체를 잃기 마련이다. 이 말은 위나라 문제(文帝) 조비(曹丕)가 쓴 『전론(典論)』에 등장한다. 조비는 한나라의 대문장가 부의(傅毅)와 반고(班固)의 문장을 비교하며 "글 쓰는 자는 모름지기 자신이 제일이라고 여기니, 문인끼리 서로 경멸하는 풍조는 부의와 반고 때부터 이미 있었다."라고 평했다. 이 짧은 구절에는 문인의 심리, 인간의 허영, 그리고 지식인의 질투가 고스란히 배어 있다. 글을 쓰는 사람에게 문장은 곧 자존심이요, 생명줄이다. 그러니 남의 글을 칭찬하기란 쉽지 않다. 조비가 '문인상경'이라 한 까닭은, 문장가들의 세계가 결국 인간의 마음 속 경쟁심과 허영심으로 얽혀 있음을 꿰뚫어 본 데 있다.

한서(漢書)를 쓴 반고는 섬서성 부풍 출신으로, 자는 맹견(孟堅)이라 했다. 일찍부터 학문에 뜻을 두고 태학에 들어가 백가의 학설을 두루 섭렵했으며, 자구의 세밀한 해석보다는 경전의 대의를 중시했다. 그의 부친 반표(班彪)는 유명한 학자였고, 반고는 부친의 학문적 전통을 이어받아 사마천의 『사기』를 보완하려는 꿈을 품었다. 반고의 동생 반초(班超)는 서역에서 위업을 세웠고, 누이 반소(班昭)는 오라버니가 미처 완성하지 못한 『한서』를 마무리했다. 반씨 가문(班氏家門)은 학문과 문장의 집안이었다. 반고는 젊은 시절 태학에서 부의

(傳毅)를 만나 친구가 되었다. 둘은 문장에 능했고, 명제(明帝) 때 궁정의 칭송을 나란히 받았다. 하지만 문인의 우정은 늘 경쟁과 비교의 그림자 속에서 흔들린다. 부의가 '현종송(顯宗頌)'으로 황제의 칭찬을 받자, 반고는 속으로 불만을 품었다. 그는 아우 반초에게 보낸 편지에서 "부의는 문장을 조금 짓는 재주는 있으나, 인격은 아직 멀었다."라고 풍자했다. 문장보다 사람을 낮잡아본 것이다. 그때 이미 '문인상경'의 본보기가 그의 붓끝에서 시작된 셈이다.

두 사람은 후일 함께 대장군 두헌(竇憲)의 막부에 들어가 북벌의 공적을 찬양하는 '북정송(北征頌)'을 지었다. 부의는 곧 세상을 떠났고, 반고는 두헌의 모반 사건에 연루되어 옥사했다. 역사의 아이러니는 냉성하다. 그토록 남의 글을 평가하던 반고의 생애는 권력의 글 속에서 지워졌다. 그가 완성한 『한서』는 왕조의 정사를 기록한 첫 사서로 평가받지만, 정작 인간의 깊이를 꿰뚫은 사마천의 『사기』에는 미치지 못했다는 평을 받는다. 창조보다는 계승에 머물렀다는 것이다. 반고는 부의를 비웃었지만, 사마천의 눈높이에는 닿지 못했다. 그것이 문인상경의 또 다른 아이러니였다. 이 오래된 일화는 단지 한 시대의 문장가들 사이에서 벌어진 질투의 이야기가 아니다. 그것은 시대를 넘어 지식인 사회의 불문율처럼 되풀이되는 인간의 욕망과 허영의 구조를 보여준다.

안동 유림의 '병호시비(屛虎是非)'는 그 현대적 반복이다. 퇴계를 모신 도산서원(陶山書院), 류성룡을 주향으로 한 병산서원(屛山書院), 김성일을 봉향한 임천서원(臨川書院). 이 세 서원은 학문적 계승의 상징인 동시에, 문중의 사회적 위상을 가르는 상징적 무대가 되었다. 조선 성리학의 본향이라 불리는 안동은 퇴계(退溪) 이황(李滉)의 정신이 가장 깊게 뿌리내린 곳이다. 그러나 그 뿌리가 깊은 만큼 갈등도 깊었다. 퇴계 이황의 문하에서 자라난 제자들은 조선 성리학의 정통을 이어받았다고 자부했다. 그중에서도 서애(西厓) 류성룡(柳成龍)과 학봉(鶴峰) 김성일(金誠一)은 대표적인 두 인물이었다. 병산서원은 류성룡을, 임천서원은 김성일을 주향으로 삼았다.

그러나 시간이 흐르며 제자들의 문중 세력이 커지고, 각기 다른 학풍이 형성되자 퇴계의 제자들 사이에서 시작된 학문적 논쟁은 세대를 넘어 문중의 명예와 권력을 다투는 싸움으로 번졌다. 퇴계의 제자 류성룡과 김성일의 학통(學統)을 둘러싼 대립, 즉 병호시비는 400년 동안 이어진 '예(禮)의 정치'였다. 그 시작은 예제(禮制)의 사소한 문제였다. 호계서원(虎溪書院)에 광해군 12년(1620), 호계서원에 학봉 김성일과 서애 유성룡의 위패가 함께 봉안되면서 갈등의 불씨가 일었다. 병파(幷派)는 류성룡이 국가의 공신이자 영의정을 지낸 점을 내세웠고, 호파(虎派)는 김성일이 나이가 많고 퇴계와의 학문적 교류가 깊었다고 주장했다. 누구를 퇴계의 왼편(상석)에 모시느냐의 문제는 단순한 자리 배치가 아니라, 문중의 위계와 권위를 상징하는 문제였다. 영남의 대 유학자 정경세(鄭經世)가 "애동학서(厓東鶴西)", 즉 '서애는 동쪽, 학봉은 서쪽'이라 중재했지만, 불씨는 꺼지지 않았다. 예는 도덕의 형식이지만, 형식은 곧 권력의 언어였다. 세월이 흘러도 논쟁은 끝나지 않았다. 병호시비는 문중의 자존심 싸움에서 향촌의 지배 구조를 둘러싼 정치로 확장되었다. 서원은 단순한 교육기관이 아니었다. 제향과 강학이 함께 이루어지는 서원은 곧 지역 사족 사회의 질서를 지탱하는 축이었다.

서원에 앉는 자리, 제향 순서, 제사 참여권은 곧 권력의 자리였다. 논쟁이 격화되면서 서원들은 분리의 길을 걷는다. 퇴계 이황의 위패는 도산서원으로, 류성룡은 병산서원으로, 김성일은 임천서원으로 각각 옮겨지며 호계서원(虎溪書院)의 사당 기능은 사실상 중단되고 지금은 강당만 남게 되었다.

조선 말기로 가면 그 균열은 신분의 문제로 이어진다. 퇴계의 학문을 직접 계승한 도산서원은 조선 성리학의 정통을 상징했다. 1575년 선조로부터 사액(賜額)을 받아 '국가가 인정한 서원'이 되었고, 1871년 흥선대원군의 서원 철폐령에서도 살아남았다. 그러나 조선 말기로 접어들며 도산서원 역시 사회 변화의 파고를 피하지 못했다. 서얼(庶孼) 출신 유생들이 제향 참여를 요구하며 "학문에 신분의 차별이 있어서는 안 된다."라고 외쳤다. 이에 서원 측은 '적서(嫡庶)의 구분은 예의 근본'이라

맞섰다. 이 논쟁은 조선 성리학 사회가 이제는 '예의 질서'만으로 사회를 통제할 수 없다는 징후였다.

그동안 갈등의 물밑에 있었던 안동 유림의 문인 상경은 2019년부터 추진된 호계서원 이건 및 복원 사업이 새로운 갈등의 시작이 되었다. 2020년 국학진흥원 인근에 복원된 호계서원에서 복설 고유제가 봉행되며 복원 위치와 위패 봉안 방식을 둘러싼 논란이 다시 불거졌다. 예안향교(禮安鄕校) 측은 강력히 반발했다. 네 분 선현이 이미 다른 곳에서 제향 되고 있는데, 호계서원에 다시 모시는 것은 '명분 없는 중복 제향'이라는 주장이었다. 더욱이 호계서원 복설 당시 "위패 봉안은 사림의 의견이 상충하여 완의(完議)에 이를 때까지 후세로 미룬다."라는 약속이 있었는데, 이를 일방적으로 어겼다는 비판도 쏟아졌다.

그러자 2021년 9월, 퇴계의 종손 측이 "다툼의 현장에 스승의 위패를 둘 수 없다."라며 호계서원에 봉안된 퇴계의 위패를 가져 나와 불태우는 초유의 사건이 벌어졌다. 400년간 이어진 예제 논쟁이 21세기에 이르러 위패 소각이라는 극단적 형태로 폭발한 것이다. 이후 양측은 문화재보호법 위반과 절도, 무고 등으로 맞고소하며 법정에서 싸움을 이어갔다. 그럼에도 안동의 도산서원, 병산서원은 유네스코 세계문화유산으로 지정되어, 성리학적 전통의 품격과 정신을 전하고 있다.

병호시비는 우리에게 묻는다. 학문과 전통은 과연 무엇을 위해 존재하는가? 도학(道學)의 본질은 자기 수양과 진리 탐구에 있었건만, 그것이 문중의 명예와 권력으로 변질할 때 도덕의 언어는 지배의 언어로 바뀐다. 문인상경은 학문과 명분, 권위와 전통을 지닌 모든 지식인의 세계에서 되풀이

된다. '누가 더 오롯이 스승의 뜻을 잇는가, 누가 더 바르게 글을 쓰는가?' 하는 경쟁은 언제나 인간의 허영과 자존심의 무게 속에서 흔들린다. 문인의 자존심이 부끄럼을 알아야 문장이 빛나듯, 진리란 남을 누르거나 평가하는 데서 나오지 않는다. 오히려 자신을 낮추고, 마음을 비우는 데서 비롯된다.

제23장

도덕의 이름으로 자행되는 새로운 억압

현대 민주주의 사회는 아이러니한 모순 속에 서 있다. 차별과 혐오를 없애고 사회적 약자를 보호하겠다는 도덕적 열망이, 오히려 또 다른 억압의 형태로 작동하기 때문이다. 정치적 올바름(Political Correctness)과 소셜 미디어(Social Media)의 결합은, 19세기 존 스튜어트 밀(John Stuart Mill)이 『자유론(On Liberty)』에서 경고한 '여론의 폭정(tyranny of the majority)'이 디지털 공간에서 되살아난 사례라 할 수 있다. 도덕은 본래 공동체를 지탱하는 윤리적 기반이다. 그러나 그것이 권력의 언어로 바뀌면, 보이지 않는 폭정으로 전환된다. '도덕적 폭정(Moral Tyranny)'이란 특정 도덕 기준을 절대적 선(善)으로 신성화하여 사회 전제에 강요하고, 그 기준에 맞지 않는 이들을 '비도덕적' 존재로 낙인찍는 현상을 말한다. 이러한 폭정은 법의 강제나 물리적 폭력보다 더 은밀하고 교묘하다. 사회적 압력과 도덕적 명분이라는 비가시적 힘으로 작동하기 때문이다. 밀은 민주주의의 가장 큰 위협을 정부가 아닌 '다수의 여론'에서 찾았다. 그는 "타인에게 직접적 피해를 주지 않는 한, 개인의 자유는 보호되어야 한다."라고 했는데, 이는 오늘날 도덕이 권력이 되는 현상을 진단하는 가장 핵심적 원칙이 된다.

정치적 올바름은 애초에 선한 의도에서 출발했다. 인종, 성별, 성적 지향 등으로 인한 차별과 혐오를 지양하고 사회적 약자에 대한 존중을 확산하려는 노력은 문명사회의 진보를 상징한다. 그러나 선의가 절대화될 때 도덕은 권력으로 변질한다. 복잡한 사회 문제가 '옳음'과 '그름'의 단순한 이

분법으로 재단되고, 한쪽만이 '도덕적 정당성'을 독점하면, 다른 의견은 '차별적', '혐오적', '비도덕적'이라 낙인찍힌다. 이러한 낙인은 공론장에서의 퇴출을 정당화하며, 자유로운 토론은 점점 위축된다. 사람들은 제 생각이 도덕의 심판대에 오를까 두려워 스스로 침묵을 택한다. 이것이 바로 '냉각효과(chilling effect)'이며, 사상의 자유로운 교환이 질식하는 순간이다.

소셜 미디어는 이러한 도덕적 폭정이 가장 격렬하게 드러나는 공간이다. SNS의 알고리즘은 분노, 도덕적 분개, 선악의 대립과 같은 감정을 자극할수록 더 많은 '좋아요'와 '공유'를 얻도록 설계되어 있다. 결과적으로 도덕적 분노는 확산하고, 더 강한 비난이 더 큰 주목을 받는 '도덕 경쟁'의 구조가 형성된다. 그 결과 등장한 것이 '캔슬 컬처(Cancel Culture)'다. 누군가의 과거 발언이나 행동이

현재의 도덕 기준에 맞지 않으면, 집단적 비난의 물결이 그를 향해 쏟아진다. 그는 직업을 잃고, 관계가 단절되며, 디지털 공간에서 '사회적 죽음'을 맞는다. 법적 절차나 반론의 기회는 존재하지 않는다. 이 현상은 미셸 푸코(Michel Foucault)가 분석한 '규율 권력(disciplinary power)'의 디지털적 재현이다. 근대 권력은 감시와 규범화의 작동을 통해 인간의 행동을 통제했다. SNS의 세계는 일종의 '파놉티콘(Panopticon)'으로, 모두가 서로를 감시하며 자신을 통제한다. 타인을 폭로하는 행위는 정의감을 자극하지만, 그 이면에는 언제든 자신이 심판의 대상이 될 수 있다는 불안이 도사린다. 도덕은 내면의 성찰이 아니라 군중의 무기로, 정의는 군중심리의 폭력으로 변한다.

그러나 도덕이 권력이 되는 현상은 서구 사회만의 일이 아니다. 동양의 고전 사상에서도 이미 도덕의 절대화가 초래하는 위선과 강제에 대한 경계가 있었다. 맹자(孟子)는 왕도(王道)와 패도(覇道)를 구분하며, 인의(仁義)를 명분으로 힘과 이익을 추구하는 자를 '독부(獨夫)'라 했다. 그는 도덕을 내세운 권력 행사를 폭정으로 간주했다. 노자(老子)는 "큰 도가 폐하니 인의가 생긴다(大道廢 有仁義)."라고 하여, 자연스러운 질서가 사라진 자리에서 인위적 규범이 통제의 수단으로 등장함을 경고했다. 오늘날 정치적 올바름이 본래의 선한 의도를 넘어 경직된 규범으로 작용할 때, 그것은 노자가 비판한 '명교(名教)'의 억압과 다르지 않다.

캔슬 문화의 확산은 동양의 '신독(愼獨)' 개념이 왜곡된 모습으로 재현된 것이기도 하다. 『대학(大學)』에서 증자(曾子)는 "군자는 홀로 있을 때도 삼가야 한다(君子必愼其獨也)."라고 했다. 신독은 외부의 감시가 아니라 내면의 성찰, 즉 스스로 마음을 바르게 하는 자율적 규율이었다. 그러나 SNS 시대의 자기 검열은 내면의 성찰이 아닌 외부 시선의 공포에서 비롯된 방어적 침묵이다. 그것은 덕(德)이 아니라 공포의 체제이다. 도덕의 회복은 중용(中庸)의 정신에서 찾아야 한다. 주희는 『중용장구』 서문에서 "중은 치우치지 않음이요, 용은 평상이다(中者, 不偏不倚, 無過不及之名, 庸, 平常也)."라고 했다. 이는 정치적 올바름이 '옳음'이라는 이름으로 극단으로 치닫는 것을 경계하는 지혜다. 도덕적 목표를 추구하되, 그 과정에서 표현의 자유와 다양성을 훼손하지 않는 균형, 그것이 바로 중용의 실천이다. 공자는 "군자는 의리로 화합하기는 해도(和而不同) 부화뇌동(附和雷同)하지 않으며, 소인은 이익에 따라 부화뇌동하되 화합을 이루지 못한다(同而不和)."라고 했다. 즉, 군자는 조화를 추구하지만 획일을 강요하지 않는다. 오늘날 도덕의 이름으로 '같음'을 강요하는 풍조는 이 정신에 반한다. 성숙한 사회는 '다름 속의 조화', 불편함 속의 대화를 허용해야 한다.

동양의 도덕철학은 일관되게 '자기 수양'을 도덕의 본질로 본다. 도덕은 타인을 심판하기 위한 무기가 아니라 자신을 성찰하는 내면의 등불이어야 한다. 맹자의 '측은지심(惻隱之心)'은 타인의 고통에 공감하는 마음에서 비롯된 본능적 선함이다. 왕양명(王陽明)의 '양지(良知)' 역시 규범 이전의 살아 있는 인간적 감수성을 의미한다. 그러나 현대의 도덕적 폭정은 이러한 살아 있는 마음을 경직된 규범으로 대체함으로써, 인간성의 풍부함을 가로막는다. 도덕적 폭정은 특정 도덕 기준을 절대적 진리로 격상시키고, 이에 동의하지 않는 자를 '악(惡)'으로 규정하는 데서 비롯된다. 유교와 도가는 오래전부터 이러한 명분의 정치가 초래하는 위선을 경계했다. 맹자는 '인의(仁義)'를 통치의 정당성으로 삼는 왕도(王道)와, '인의'를 구실로 이익을 추구하는 패도(覇道)를 구분하며, 후자를 비판했다. 오늘날의 정치적 올바름이 본래의 평등과 존엄이라는 가치에서 벗어나, 특정 집단의 이익을 관철하거나 타인을 배제하는 수단으로 변할 때, 그것은 바로 '새로운 패도'의 형태라 할 수 있다.

노자는 이 문제를 더 근본에서 성찰한다. 『도덕경(道德經)』의 "대도폐 유인의(大道廢 有仁義)."는 절대화된 도덕 규범 자체가 이미 자연의 질서가 무너진 결과임을 의미한다. 인위적 '선'은 그 반대편에 '악'을 낳고, 도덕의 경직된 이분법은 끝없는 분열을 만들어낸다. 노자가 말한 '무위(無爲)'란 아무것도 하지 않는 것이 아니라, 인위적 규범의 강요를 넘어 사물의 본성에 따르는 것이다. 정치적 올바름이 개인의 자연스러운 감정과 표현을 억압할 때, 그것은 바로 '인위적 도덕'의 폭정이다. 도덕적 분노 또한 경계해야 한다. 성리학에서는 '분(忿)'을 다스리는 것을 수양의 중요한 과제로 삼았다. 정호(程顥)는 "한 생각의 분노로도 인(仁)을 잃고, 한 생각의 기쁨으로도 의(義)를 잃는다(一念之怒, 則失仁矣. 一念之喜, 則失義矣)."라고 하여, 분노가 도덕적 판단을 흐릴 수 있음을 경고했다.

SNS에서 증폭되는 분노는 종종 사실 관계보다 감정의 해소와 우월감의 확인을 위한 수단이 되며, 결국 정의가 아닌 '분의 정치학'으로 변질된다. 결국 도덕의 본래 정신을 회복하는 길은 '균형'과 '관용'이다. 자사(子思)는 『중용』에서 "희로애락의 감정이 아직 드러나지 않은 상태를 '중(中)'이라 하고, 드러나되 절도에 맞게 조화를 이루는 것을 '화(和)'라 한다(喜怒哀樂之未發謂之中, 發而皆中節謂之和)."라고 말한다. 다양성을 인정하지 않는 '같음'

의 강요는 조화가 아니라 획일이다. 오늘날 우리가 직면한 과제는 완벽한 도덕의 구현이 아니라, 불완전한 인간들이 서로의 차이를 인정하며 공존하는 법을 배우는 것이다. 도덕이 강제와 배제가 아닌 이해와 성찰의 언어로 회복될 때, 정치적 올바름은 폭정이 아니라 진정한 정의의 길로 나아갈 것이다.

제24장

불회지교(不誨之教)
- 가르치지 않음으로 가르치다

『논어』「자로(子路)」편에는 공자가 제자 번지(樊遲)를 매우 호되게 꾸짖는 장면이 나온다. 번지가 곡식 재배를 배우고 싶다고 청하자, 공자는 "나는 경험 많은 농부만 못하다."라고 답했다. 이어 채소 가꾸는 법을 배우고 싶다고 하자, 공자는 "나는 경험 많은 채소 농부만 못하다."라고 대답했다. 번지가 나가자 공자는 곧바로 이렇게 말한다. "소인이로다, 번수야(小人哉 樊須也)!" 번지(樊遲)와 번수(樊須)는 같은 인물이다. 평소 부르던 '번지' 대신 성과 이름을 합친 '번수'라는 호칭을 사용했다는 점에서 공자의 실망과 불쾌감을 엿볼 수 있다. 이 짧은 구절 속에 담긴 공자의 냉담함은, 단순히 농사 질문이 무지해서가 아니라 질문의 방향 자체가 잘못되었다는 뜻이다.

번지는 공자보다 서른여섯 살 어린 제자로 『논어』에 여러 차례 등장하는 인물이다. 그의 질문 자체는 겉으로 보면 순박하다. "스승님, 곡식 농사 짓는 법을 가르쳐 주십시오?" "채소 가꾸는 법을 가르쳐 주십시오?" 그러나 공자의 대답은 의외로 냉담하다. "나는 경험 많은 채소 농부만 못하다." "나는 늙은 텃밭 농부만 못하다." 이 말은 단순한 겸손이 아니다. 공자는 실제로도 현장에서 농사와 제례를 지켜본 사람이었고, 전혀 모른다는 뜻으로 말한 것이 아니다. 핵심은 "그건 내가 가르칠 영역이 아니다."라는 선언에 있다. 공자는 자신을 기술(技)을 가르치는 선생이 아니라, 도(道)를 전하는 스승으로 규정했다. 그의 관심은 곡식 수확량이나 채소 재배 기술이 아니라, 군자가 어떻게 세상을 살아야 하는가에 있었다. 번지가 묻고 있는 것은 공자가 평생 걸어온 길과는 다른 방향의 공부였다. 그 점에서 공자는 번지의 질문 자체를 가르칠 가치가 없는 질문으로 본 것이다.

이 대목을 이해하는 핵심 개념이 불회지교(不誨之教)다. 말 그대로 옮기면 '가르치지 않음의 가르침'이다. 공자는 번지 앞에서 장황한 설교를 하지 않는다. 그저 "나는 경험 많은 농부만 못하다."는 한마디만 남기고, 번지가 물러난 다음에야 제자들 앞에서 "소인이로다, 번수야!"라고 평한다. 이는 세 가지 점에서 의미가 있다. 첫째, 질문 자체를 되돌려 보내는 가르침이다. "무엇을 공부할 것인가?"는 "어떤 사람이 되고 싶은가?"와 연결된 질문이다. 공자는 번지가 아직 그 질문을 제대로 하지 않았다고 본다. 그래서 구체적인 기술이 아니라, 질문하는 태도 자체를 문제 삼는다. 둘째, 직접 훈계 대신 모범 사례로 보여주기다. 번지 앞에서 길게 훈계하지 않고, 주변에 있던 다른 제자들이 그의 실수와 그에 대한 평가를 지켜보게 한다. '어떤 질문이 스승을 실망시키는가?'를 눈으로 보게 함으로써, 말로 하는 훈계보다 더 강한 인상을 남긴다. 이것이 바로 가르치지 않음으로써 가르치는 불회지교의 방식이다. 셋째, 스승의 역할에 대한 선 긋기다. 공자는 자신이 무슨 일이든 다 알려주는 사람이 아님을 분명히 한다. 스승은 무엇이 본(本)이고 무엇이 말(末)인지, 어디까지를 자신이 책임지고 어디서부터는 다른 전문가에게 맡겨야 하는지를 몸소 보여주는 존재라는 점을 드러낸다.

공자가 번지를 꾸짖을 때 쓴 표현은 매우 거칠다. "소인이로다, 번수야(小人哉, 樊須也)!" '재(哉)'는 감탄사로, '참으로', '정말' 같은 뉘앙스를 더해준다. 단순한 평가가 아니라 격한 실망이 섞인 탄식이다. 더 주목할 부분은 호칭이다. 공자는 다른 제자들을 평가할 때 "고시(柴)는 어리석고, 증삼(參)은 노둔하며, 자장(師)은 치우쳤고, 자로(由)는 거칠다(柴也愚, 參也魯, 師也辟, 由也喭)."라고 말했다. 고시, 증삼, 자장, 자로를 모두 이름 한 글자로만 부른다. 스승이 제자의 성격과 단점을 차분히 진단하는, 일종의 교육적 평가에 가까운 어조다. 그런데 번지를 말할 때는 평소 자(字)인 '지(遲)'도, 이름 한 글자도 아닌 '번수(樊須)', 즉 성과 이름을 모두 사용한다. 고대 중국에서 성명 전체를 부르는 것은 평상시의 다정한 호칭이라기보다, 공식적이고 엄중한 자리에서 거리를 두는 호명에 가깝다. 학자들 사이에서는 '번지/번수(樊遲/樊須)' 표기를 전사(傳寫) 과정의 차이로 보기도 하지만, 적어도 『논어』가 남긴 문맥 안에서는 이 호칭이 감정적 거리를 두며 질책하는 뉘앙스로 읽힌다. 오늘 식으로 말하면, "야, 번지야!"가 아니라 "야, ○○○ 씨" 하고 이름 석 자를 또렷이 부르는 냉랭한 질책에 해당한다. 또한 소인(小人)이라는 낙인은 단지 머리가 나쁘다는 말이 아니다. 소인은 지향과 관심, 가치관이 낮은 사람을 가리킨다. 공자는 이 한마디로 번지의 질문이 군자의 공부가 아니라 소인의 관심사 선에서 머물고 있음을 정면으로 비판한 것이다.

그렇다면 공자는 농사와 원예를 경시했을까? 그렇다고 보기는 어렵다. 농사와 치수, 제례는 당시 국가를 떠받치는 필수 기반이었고, 공자는 이를 누구보다 잘 알고 있었다. 문제는 '누가 무엇을 누구에게서 배우느냐?'에 있었다. 공자의 학문은 한마디로 정리하면 이렇다. "군자는 근본에 힘쓴다. 근본이 서면 도가 생긴다(君子務本, 本立而道生)." 공자가 가르치려 했던 것은 곡식 재배와 채소 가꾸기라는 말(末)의 기술이 아니라, 그 모든 활동의 방향과 원칙을 세우는 근본(本)이었다. 농사는 노농에게 배워야 하고, 텃밭 가꾸기는 베테랑 원예인에게 배워야 한다. 공자는 그 위에서 정치와 도덕, 인간의 길을 이야기하는 사람이다. 번지가 농사를 배우려 한 것 자체가 나쁜 것은 아니지만, 그가 공자에게 그런 질문을 던졌다는 사실은 자신의 스승이 누구이고, 그에게 무엇을 배워야 하는지 아직 분간하지 못했다는 뜻이 된다. 공자는 그 지점을 소인의 태도라고 본 것이다.

이 에피소드는 오늘 우리의 공부와 교육에도 직접적인 질문을 던진다. 우리는 무엇을 배우려 하는가? 단지 생존과 취업을 위한 기술만 좇고 있지는 않은가, 스승에게 묻는 질문은 내가 어떤 사람이 되고 싶은지에 대한 물음에서 출발하고 있는가, 아니면 단지 이익이 되는 방법을 묻는 수준에 머물러 있는가? 현대 사회에서는 각종 자격증, 실용 기술, 단기 스펙이 공부의 전부인 것처럼 여겨지기 쉽다. 물론 그것들도 필요하다. 하지만 그것만으로는 삶의 방향과 기준을 세울 수 없다. 공자가 번지를 꾸짖은 까닭도 바로 여기에 있다. 스승에게 묻기 전에, 먼저 자기 자신에게 이렇게 물어야 한다. '나는 지금, 어떤 사람이 되기 위해 공부하고 있는가?' 이 물음이 빠진 공부는, 아무리 열심히 해도 결국 소인의 공부에 머문다.

공자의 불회지교는 모든 질문에 다 대답해 주는 친절한 교육과는 정반대에 있다. 때로는 일부러 가르치지 않음으로써, 제자 스스로가 자기 질문의 수준을 돌아보게 하는 교육이다. "그건 내가 가르칠 공부가 아니다."라는 공자의 한마디는 오늘 식으로 바꾸면 이렇게 정리할 수 있다. "너의 질문을 다시 생각해 보아라. 무엇을, 누구에게서, 왜 배우려 하는가?" 이 한 장면은 공자가 얼마나 냉정한 스승이었는지를 보여주는 동시에, 그가 제자들의 인생 전체를 놓고 공부의 방향을 잡아 주려 했던 엄격한 책임감의 표현이기도 하다. 우리가 공자의 이 질책을 오늘 다시 읽어야 하는 이유는 분명하다. 정보와 기술이 넘쳐나는 시대일수록, 무엇을 배우지 않을 것인지, 어떤 질문에는 스스로 침묵해야 할 것인지를 결정하는 능력이 더 중요해지기 때문이다. 공자의 "소인재, 번수야!"라는 한마디는 번지 한 사람만이 아니라, 공부의 본질을 잊어버린 우리 모두를 향한 경고일지 모른다. 가르치지 않음으로써 더 깊이 가르치는 불회지교는, 오늘 우리의 교실과 서재에도 다시 한 번 필요한 가르침이다.

제25장

공경과 불복종 사이, 갈등을 다루는 수양의 기술

『논어』「이인」 편에 나오는 “부모를 섬기되 은근하게 간해야 하니, 부모의 뜻이 내 뜻을 따라주지 않음을 보고서도 더욱 공경하여 어기지 않으며, 수고스럽더라도 원망하지 않아야 한다(事父母幾諫, 見志不從, 又敬不違, 勞而不怨).”라는 구절은 오랫동안 효도의 규범을 요약하는 문장처럼 읽혀 왔다. 부모에게 조용히 충고하되, 결국은 거스르지 않고, 힘들어도 원망하지 말라는, 다소 교과서적인 문장으로 취급된 것이다. 그러나 이 짧은 문장을 조금만 세밀하게 들여다보면, 단순한 도덕률이라기보다 가장 가까운 관계에서 갈등을 다루는 인간 수양의 세밀한 설명서에 더 가깝다는 사실이 드러난다. 공자는 부모와 자식 사이를 단순한 위

아래의 종속 관계로 보지 않았다. 서로 사랑하면서도 가장 깊이 상처를 주고받기 쉬운, 그래서 더 어려운 관계로 보았다. 이 네 구절은 그 긴장과 어려움을 정면에서 응시한 결과물이다.

우선 "사부모기간(事父母幾諫)"이라는 첫 구절을 보자. 부모를 섬길 때는 '은미하게 간한다'라는 뜻이다. 여기서 핵심은 '기간(幾諫)'이라는 표현이다. '기(幾)'는 '거의, 기미, 미세함'을 뜻하는 글자로, 티 나지 않는 작은 움직임, 상대의 얼굴빛을 살피며 슬며시 건네는 말의 느낌을 품고 있다. 여기에 '간(諫)', 즉 윗사람의 잘못을 말로 막는 행위가 결합한다. 그러니 기간이란 노골적으로 면박을 주지 않으면서도, 그렇다고 할 말을 삼키지도 않는 방식의 충고를 가리킨다. 상대의 체면과 자존심을 지켜 주면서도, 내가 옳다고 믿는 바를 조심스레 밀어 넣는 태도, 이것이 기간이다.

부모의 결정이나 태도가 분명히 잘못되어 보일 때, 자식이 정면 대결을 택하면 관계는 쉽게 파탄이 나고 부모는 오히려 더 완고해진다. “그건 틀렸어요.”, “왜 그렇게 고집을 부리세요?”라는 말 몇 마디가 순식간에 언성을 높이는 싸움으로 번지기 쉽다. 공자는 바로 그 지점을 꿰뚫어 보고 있었다. 기간은 ‘내가 옳다’는 것을 굳이 증명하려는 말이 아니라, 상대가 스스로 알아차리도록 돕는 말이다. 오늘의 언어로 옮기면, 상대의 감정을 자극하지 않으면서 진심을 전달하는 비폭력 대화, 공감적 소통의 고전적 표현이라 할 수 있다. 효란 맹목적으로 부모의 결정을 따라가는 복종이 아니라, ‘부모가 잘못된 길로 가려 할 때 정면충돌 대신 섬세하고 지혜로운 저항을 어떻게 할 것인가?’에 관한 덕목이기도 한 것이다.

하지만 기간을 다 했는데도 부모가 전혀 받아들

이지 않을 때는 어떻게 해야 할까. 바로 그다음에 "견지불종, 우경불위(見志不從, 又敬不違)"가 이어진다. "내 뜻이 받아들여지지 않음을 보아도, 다시 공경하여 거스르지 않는다."는 말이다. 여기서 먼저 눈에 들어오는 단어는 '또 공경한다(又敬)'라는 표현이다. '경(敬)'은 단지 예의를 지키는 형식적인 공손함이 아니다. 상대를 한 인간으로서 존중하는 마음가짐을 가리킨다. 내 말을 듣지 않는 사람, 고집 센 사람으로 보는 것이 아니라, 나를 길러주고 사랑해 준, 그러나 나와는 다른 방식으로 생각하고 선택하는 사람으로 보는 시선이다.

그다음에 오는 말이 '거스르지 않는다(不違)'이다. 전통적으로는 '부모의 뜻을 어기지 않는다.'로 많이 번역되었지만, 표현을 조금 더 섬세하게 보면, 겉으로 맞서 싸우며 대립하지 않는다는 의미가 더 강하다. 일부 주석가들이 '위(違)' 속에서 '싫

어하다, 미워하다'의 뉘앙스를 읽어낸 것은, 이 말이 단순한 행동의 위반만이 아니라 관계를 끊어버리는 감정적 단절까지 포함하고 있기 때문이다. 결국 이 구절이 요청하는 것은, '부모님이 내 말을 받아들이지 않더라도, 감정적으로 폭발해 관계를 깨뜨리기보다는 여전히 존중하는 태도로 관계를 지켜라.'라는 태도이다. 나의 옳음이 완전히 관철되는 것보다, 관계가 깨어지지 않고 지속되는 것이 더 중요하다는 가르침이 그 안에 들어 있다. 공자는 효를 행동 규범으로만 보지 않는다. 효는 옳음과 관계 사이의 균형을 어떻게 조율할 것인가 하는 마음의 기술이기도 하다.

마지막 구절 "노이불원(勞而不怨)"은 이 마음의 기술을 더 깊이 안쪽으로 밀고 들어간다. '수고롭더라도 원망하지 않는다.'라는 뜻인데, 여기서 '노(勞)'는 단지 육체적 노동만이 아니라 마음의 피로까지 포함한다. 늙은 부모를 모시는 일은 시간과 돈, 에너지를 요구하는 현실적 부담일 뿐 아니라, 자식 자기 삶의 계획을 조정하고 양보해야 하는 심리적·정서적 피로를 동반한다. 공자는 이 피로를 억지로 부정하지 않는다. 그래서 곧바로 '원(怨)'이라는 글자를 붙인다. 원망과 섭섭함, 서운함이 마음 깊은 곳에 서서히 쌓이는 것을 경계하는 것이다.

노이불원은 '피곤함을 느끼지 말라.'는 비현실적인 요구가 아니라, 그 피곤함이 원망으로 굳어지지 않게 하라는 요청이다. 원망이 굳어지는 순간 효행은 껍데기만 남고 관계는 속에서부터 썩어들어간다. 겉으로는 부모를 챙기지만, 속으로는 "내가 이렇게까지 해 줬는데…."라는 계산과 서운함이 쌓여 갈수록, 부모와 자식 모두 서로에게 상처만 남게 된다. 그래서 공자는 효를 단순한 행동의 의무가 아니라, 감정과 마음을 다스리는 수양의 과제로 끌어올린다. 수고로움은 피할 수 없지만, 그 수고로움이 원망으로 굳어지지 않도록, 자신의 마음을 끊임없이 살피고 다듬어 가는 것, 이것이 노이불원의 핵심이다.

여기까지 읽으면 한 가지 의문이 생긴다. 그렇다면 언제까지, 어디까지 참아야 하는가? 공자는 사람 사이의 충고에도 강도와 자리를 구분했다. 윗사람의 잘못을 바로잡는 말하기에는 크게 간(諫)과 쟁(諍)의 두 급이 있다. 간은 관계를 지키는 비판이다. 잘못을 바로잡고자 하지만, 그 사람과의 관계와 체면을 함께 고려해 말하는 방식이다. 『예기』에는 "세 번 간했는데도 듣지 않으면 물러난다."라는 원칙이 나온다. 몇 번은 끝까지 말하되, 그 이후에는 상대의 선택을 존중하고 더는 강요하지 않는 태도이다. 사식이 할 수 있는 최선의 도리는 바로 여기에 있다. 마음을 다해 몇 차례 말하고, 그래도 받아들여지지 않으면 거기서 멈출 줄 아는 절제, 이것이 효의 한계이자 품위이다.

쟁은 한층 강도가 높은 말하기다. 나라가 기울어가는 위기에서 신하가 때로 감수해야 하는 목숨 건 쟁론이다. 이때는 관계의 균열과 자신의 안위까지 걸고 정면으로 맞서야 할 때도 있다. 공자는 부모에게는 기간(幾諫), 즉 은밀하고 공손한 설득이 원칙이지만, 임금에게는 상황에 따라 간에서 쟁으로 강도를 높일 수 있다고 본다. 이 구분을 알고 나면, 효와 충이 모두 같은 방식의 복종이 아니라, 관계와 책임의 성격에 따라 말하는 법이 달라지는 것임이 분명해진다. 부모에게 입을 다물라고만 할 것이 아니라, '무엇을 어떻게, 어디까지 말할 것인가?'를 조절하라고 가르친 것이다.

오늘 이 구절을 다시 읽으면, 공자는 현대의 성

인 자녀에게도 꽤 현실적인 지침을 준다. 부모의 선택이 분명히 위험하거나 부당해 보일 때 아무 말도 하지 않는 것은 효가 아니라 방임에 가깝다. 그러나 그것을 고칠 때, 맞대응과 폭발, 단절만이 유일한 방식은 아니다. 기간의 언어, 상대를 존중하면서도 할 말을 포기하지 않는 비폭력적이고 공감적인 표현이 필요하다. 부모를 돌보며 느끼는 노고와 그 속에서 싹트는 원망 역시 솔직히 인정해야 한다. 공자의 요구는 "원망하지 말라."는 차가운 금지 명령이 아니라, 원망에 완전히 잠식되지 않도록 마음을 계속 다듬으라는 수양의 요청이다. 그러기 위해서는 때로 가족 간의 분담, 쉼과 휴식, 상담과 같은 현실적인 장치도 함께 필요하다.

무엇보다도 이 구절은 부모와 자식의 관계를 한 번의 설득 성공, 한 번의 논쟁 승리로 평가하지 않는다. 어느 날 논쟁에서 이겼다고 해서 좋은 자식이 되는 것도 아니고, 한 번 모든 것을 참았다고 해서 효가 완성되는 것도 아니다. '오랜 시간에 걸쳐 공경과 사랑을 어떻게 유지했는가, 갈등의 순간마다 어디까지 말하고 어디서 멈추었는가, 수고로움과 서운함 속에서 원망이 아닌 연민과 감사 쪽으로 마음을 조금씩 옮겨 왔는가?'가 중요하다.

"사부모기간, 견지불종, 우경불위, 노이불원(事父母幾諫, 見志不從, 又敬不違, 勞而不怨)."이라는 한 구절은 효의 형식만을 지시하는 규범 조항이 아니다. 말의 방식을 세밀히 조정하고, 감정이 굳어지지 않도록 자신을 스스로 돌보며, 옳음과 관계 사이의 균형을 끊임없이 조율하라는 성숙한 인간관계의 고전적 모형을 제시한다. 부모와 자식 사이에서 이 구절을 실천한다는 것은 단지 '좋은 자식'이 되는 법을 배우는 것을 넘어선다. 가장 가까운 사람과의 갈등 속에서도 옳음을 포기하지 않되,

품위를 잃지 않는 인간이 되는 길, 그것을 배우는 일이기도 하다.

제26장

성(性)과 습(習), 사람을 만드는 힘

공자는 『논어』「양화(陽貨)」 편에서 "사람의 본성은 서로 비슷하게 타고나지만, 후천적인 습관이 서로를 멀어지게 만든다(性相近也, 習相遠也)."라고 말했다. 짧은 한 줄이지만, 이 문장은 동아시아 사상사 전체를 관통하는 거대한 논쟁의 출발점이다. 인간은 태어날 때부터 선한가, 악한가, 아니면 그저 선악의 가능성만 지닐 뿐인가, 그리고 무엇이 사람이 이렇게까지 서로 다르게 만드는가? 맹자·순자·장자·한비자는 이 물음에 대해 각기 다른 목소리를 내지만, 자세히 들여다보면 모두 '성(性)과 습(習), 그리고 환경과 제도'라는 공통의 축 위에서 서로를 보완하며 입체적인 인간 이해를 만들어낸다.

공자는 먼저 인간의 출발점을 '비슷함(近)'으로 본다. 여기서 성(性)은 어떤 도덕적 평점이 붙은 '좋다·나쁘다'는 성격이라기보다, 누구에게나 공통으로 주어진 감각·욕구·정서의 바탕에 가깝다. 배고프면 먹고 싶고, 추우면 따뜻해지고 싶고, 사랑받고 인정받고 싶어 하는 마음, 억울하면 분노하는 마음 같은 것들이다. 그러나 사람은 성장하면서 전혀 다른 존재가 된다. 어떤 이는 의롭고 너그러운 군자가 되고, 어떤 이는 탐욕과 폭력에 익숙한 소인이 된다. 공자는 그 차이를 '습(習)'에서 찾는다. 습은 단지 반복되는 행동만이 아니라, 생활방식, 배운 예절과 말투, 곁에서 지켜본 타인의 모습, 늘 접하는 분위기와 규범, 곧 한 사람이 평생 몸을 담고 사는 환경 전체를 가리킨다.

같은 성(性)을 가지고 태어났는데 왜 이토록 다르게 변하는가? 공자의 대답은 간명하다. "성은 서로 가깝지만(近也), 습은 서로 멀어지게 한다(遠也).” 선천적인 기질의 차이를 전혀 부정하는 것은 아니지만, 그는 인간을 사실상 결정짓는 최종 변수로 후천적인 수양과 환경, 곧 습(習)을 보았다. 사람을 판단할 때 “저 사람의 성품이 원래 어떠냐?”보다 “저 사람의 삶을 오랫동안 둘러싸고 있는 습이 무엇이냐?”를 보라는 말이다. 이미 이 한 문장 속에, 맹자의 성선설과 순자의 성악설, 나아가 장자와 한비자의 인간 이해로 이어지는 논의의 씨앗이 들어 있다.

맹자는 공자의 말을 보다 노골적인 윤리의 언어로 발전시킨다. 그는 인간 본성에 대한 여러 입장을 소개한 뒤, 이렇게 정리한다. “사람의 정(情)을 보자면, 선을 할 수 있는 바탕이 있는 것, 이것이 이른바 ‘선(善)’이라 이르는 바다. 만일 사람이 악을 행한다면, 그것은 재능이 잘못된 탓이 아니다(乃若其情, 則可以爲善矣, 乃所謂善也. 若夫爲不善, 非才之罪也).” 맹자가 말하는 ‘성선(性善)’은 이미 완성된 도덕군자가 태어난다는 뜻이 아니다. 누구에게나 선으로 나아갈 수 있는 방향성과 가능성이 주어져 있다는 의미다.

그는 이를 “네 가지 싹(四端)”이라는 유명한 비유로 설명한다. 남의 고통을 보면 안쓰러워하는 마음, 곧 측은지심(惻隱之心), 부끄럽고 악한 것을 미워하는 수오지심(羞惡之心), 서로 양보하고 배려하고자 하는 사양지심(辭讓之心), 옳고 그름을 가리고자 하는 시비지심(是非之心)이 그것이다. 이 네 가지는 이미 인간 안에 씨앗, 더 정확히 말하면 ‘싹’의 형태로 들어와 있다. 문제는 이것을 어떻게 기르느냐다. 물을 주지 않고 햇볕을 가리면 싹이 마르고 썩듯이, 교육과 환경, 정치와 문화에 따라 이 네 가지 마음은 자라기도 하고, 말라 죽기도 한다. 이 점에서 맹자는 공자의 "성상근야 습상원야(性相近也, 習相遠也)."를 이어받으면서, 습(習)의 문제를 '선의 싹을 키우는가, 말리는가?'라는 도덕적 과제로 전환한다. 사람을 바꾼다는 것은 본성을 새로 만드는 일이 아니라, 이미 주어진 작은 선의 싹을 잘 틔우고 기르는 일이라는 것이다.

순자는 여기서 정면으로 맹자를 비판한다. 그러나 그가 말하는 '악(惡)'은 단순한 범죄성이나 타락한 인격이 아니다. 통제되지 않은 자연적인 욕구, 곧 날것 그대로의 인간 상태를 가리킨다. 순자는 "사람의 본성은 악하고, 그가 선한 것은 인위적 노력(僞)에 의한 것이다(人之性惡, 其善者僞也)."라고 선언하고, 이렇게 덧붙인다. "지금 사람들의 본성은 태어나면서부터 이로운 것을 좋아한다. 이것을 그대로 따르면 싸우고 빼앗는 일이 생기고, 사양하는 도리가 사라진다(今人之性, 生而有好利焉. 順是, 故

爭奪生而辭讓亡焉).”

순자에게 성(性)은 규범 이전의 상태다. 이익을 좋아하고(好利), 감각적인 즐거움을 좇고(好聲色), 분노와 시기를 쉽게 일으키는 경향이 바로 인간의 날것의 모습이다. 이대로 '순시(順是)', 그대로 내버려 두고 따르기만 하면 사회는 필연적으로 쟁탈과 폭력이 지배하는 공간이 된다. 그러므로 인간에게 필요한 것은 위(僞)다. 여기서 위는 '거짓됨'이 아니라 가공(加工)과 교정(矯正)을 의미한다. 예(禮)와 악(樂), 법도와 교육을 통해 본성을 다듬고 꺾어 가는 문화적·도덕적 장치 전체가 위(僞)다. 순자의 성악설은 인간을 비관적으로 단정하려는 이론이 아니라, 날것의 인간을 인정하되, 그 위에 더 강력한 교육·제도·규범의 필요성을 강조하는 사상이다. 맹자가 "싹을 잘 틔워야 한다."라고 말했다면, 순자는 "욕망덩어리인 인간을 예(禮)와 법(法)으로 갈고 닦지 않으면 안 된다."라고 말하는 셈이다. 둘은 인간의 다른 측면을 각각 극단으로 밀어붙여 보여준다.

장자는 이런 논쟁에서 한 걸음 비켜서, 인간과 삶을 다른 각도에서 바라본다. 『장자』「달생(達生)」편에는 이런 구절이 전한다. "언덕에서 태어나 언덕에서 편안해하는 것은 까닭이 있어서 그런 것이고, 물에서 자라 물을 편안해하는 것은 성(性) 때문이다. 내가 왜 그러한지 알지 못한 채 저절로 그러한 것은 명(命)이다(生於陵而安於陵, 故也; 長於水而安於水, 性也; 不知其所以然而然者, 命也)." 장자는 여기서 인간과 존재를 이해하는 세 층위를 제시한다. 한 사람이 어디서 나고 자랐는가? 하는 구체적 환경과 조건이 고(故), 그가 무엇을 자연스럽게 편안해하는가 하는 타고난 기질과 적성이 성(性), 우리가 다 설명할 수 없지만, 삶 전체를 관통하는 어떤 주어진 것을 명(命)이라고 본다.

장자에게 중요한 것은 '본성이 선하냐, 악하냐?' 하는 식의 도덕적 재단이 아니다. 어떤 존재가 자기 성(性)에 맞는 삶의 자리에 놓였을 때 비로소 편안해진다는 사실, 그리고 인간의 이성으로는 다 헤아릴 수 없는 명(命)의 영역이 있다는 자각이다. 이 관점에서 보면 공자의 "성상근야 습상원야(性相近也, 習相遠也)."도 다르게 읽힌다. 인간은 서로 비슷한 성(性)을 가지고 태어나지만, 자라난 환경(陵·水)과 익숙해진 습(習)에 따라 전혀 다른 삶을 '편안한 것'으로 받아들인다. 어떤 이는 도시의 소란을 편안해하고, 어떤 이는 산촌의 고요를 편안해한다. 장자는 그 다양성을 있는 그대로 인정하며, 남을 쉽게 재단하는 도덕주의를 경계한다. 같은 인간이라도 타고난 기질과 자라온 자리, 그리고 설명되지 않는 운명의 결이 서로 다르다는 것이다.

한비자는 인간의 본성을 둘러싼 논쟁을 정치와 법(法)의 언어로 끌어온다. 그에게 핵심은 단순하다. 사람은 이익이 있는 곳으로 움직인다. 그는 장어와 누에의 비유를 들려준다. "장어는 뱀을 닮았고, 누에는 큰 벌레를 닮았다. 사람은 뱀을 보면 놀라고, 큰 벌레를 보면 소름이 돋는다. 그런데도 어부는 장어를 움켜쥐고, 아낙네는 누에를 집어 든다. 왜 그런가? 그 안에 이익이 있기 때문이다. 이득이 있는 곳에서는, 원래 싫어하던 것도 잊어버리고, 누구나 맹분·전저(孟賁·專諸)와 같은 용사처럼 돌변할 수 있다."는 것이다.

한비자에게 중요한 것은 '사람이 본래 선하냐 악하냐?'가 아니다. 그는 "사람은 누구나 이익을 좇는다(人皆趨利)."라는 사실에 주목한다. 두려움과 혐오, 심지어 선악 판단조차, 이익이라는 강력한

자석 앞에서는 쉽게 흔들린다. 그렇다면 정치는 사람들의 성품을 바꾸겠다고 설득하는 일이 아니다. 상벌(賞罰)을 분명히 하고, 제도를 세밀하게 설계하여, 사람들이 본능적으로 좇는 이익의 방향을 공적 질서와 최대한 일치시키는 일이다.

그는 또 "누구와 함께 사느냐?"의 문제를 향기와 악취에 비유해 설명한다. "선한 사람과 함께 지내면 지초·난초 향기가 가득한 방에 들어간 것과 같아서, 처음에는 향기를 의식하지만 오래되면 냄새를 맡지 않아도 이미 그 향기에 물들게 된다. 선하지 못한 사람과 함께 지내면 생선 가게에 들어간 것과 같아서, 처음엔 비린내에 고개를 돌리지만, 오래되면 냄새를 맡지 못하더라도 이미 그 냄새와 더불어 변하게 된다. 붉은 단사(丹砂)와 함께 두면 붉어지고, 검은 먹과 함께 두면 검어진다(近朱者赤, 近墨者黑)." 이 비유에서 다시 '습상원야(習

相遠也)'라는 말이 떠오른다. 한비자는 공자의 논의를 개인 수양의 차원을 넘어, 사회적 환경·인맥·조직문화와 법 제도의 차원으로까지 끌어올린다. 사람은 혼자 '선량한 의지'만으로 버티기 어렵다. 결국 누구와 어울리고, 어떤 조직과 제도 안에 놓이는가, 어떤 보상과 처벌 체계 속에 사느냐가 그 사람의 습을 만들고, 그 습이 다시 사람을 만든다.

이제 공자·맹자·순자·장자·한비자의 논의를 한 자리에 세워 볼 수 있다. 공자는 사람의 출발점인 성(性)은 서로 비슷하다고 보되, 배우고 익히는 삶의 방식, 곧 습(習)이 사람을 갈라놓는다고 보았다. 맹자는 인간 안에 선(善)으로 향하는 싹이 이미 있다고 보고, 그 싹을 기르는 교육과 정치가 가장 중요한 과제라고 본다. 순자는 인간을 날것 그대로 두면 악(惡)의 결과가 나타난다고 보고, 예(禮)와 법(法), 교육과 규범이라는 인위(僞)의 가치를 극대화한다. 장자는 성(性)·습(習)·명(命)을 구분하며, 인간과 존재의 다양성과 한계를 인정하라고 말한다. 한비자는 인간의 욕구와 이익 추구를 전제로, 제도와 상벌을 통해 그 에너지를 공적 질서 속에서 다스리고자 한다.

표현과 강조점은 다르지만, 이들이 공유하는 한 가지 사실이 있다. 인간은 고정된 실체가 아니라, 성(性)·습(習)·환경·제도의 교차점에서 끊임없이 형성되고 변형되는 존재라는 점이다. 동양 고전의 인간론은 '본래 선하다'라거나 '본래 악하다'는 라벨을 붙이고 끝내려 하지 않는다. 오히려 무엇이 사람을 그렇게 만들었는지?, 그 사람을 둘러싼 습관·관계·제도·세계관이 무엇인지?, 그리고 그 속에서 어떻게 다시 사람을 닦아 갈 것인지?를 묻는다.

공자의 짧은 한마디, '성상근야 습상원야(性相近

也, 習相遠也).'는 이렇게 맹자의 성선설, 순자의 성악설, 장자의 성·명(性·命)론, 한비자의 법치 사상에 이르기까지, 동양 사상의 거대한 인간학적 논쟁을 여는 문장이 된다. 결국 질문은 여기로 귀결된다. '저 사람의 성(性)이 원래 어떠냐?'보다 '저 사람의 습(習)을 무엇으로 만들 것인가, 누구와 함께 살게 할 것인가, 어떤 제도와 문화 안에 두고 싶으냐?'는 물음이다. 동양 고전의 지혜는, 인간을 바꾸겠다면 설교보다 습관을, 의지보다 환경을, 추상적인 선악 논쟁보다 구체적인 제도와 관계망부터 살펴보라고 조용히 일러주고 있다.

「此篇乃作者年過古稀之際, 以漢文自敍其生平與學問之志者也. 庶幾讀者諸君, 以一介好古之人小小之告白而觀之焉.」

有中自述

愚諱熙坤, 字正彦, 號賢普, 別號有中, 又以德峯自號。癸巳陰六月初一日生於大邱, 而本鄕則在慶北之永川市也。世爲儒家, 高祖遁菴金公萬基, 承拓菴金道和先生之學, 一時嶺南之士推以名儒。遁菴公之遺稿, 累世藏於家廟, 名曰『遁菴遺稿』。然守帙者有之, 而能讀能解者寡, 愚每展卷, 輒自歎曰:「先祖之文若終爲死紙, 是後人之大罪也。」

少當時局變遷, 新學勃興, 家學日以陵夷。愚性本魯鈍, 又迫於衣食之計, 早離書案, 久供職於京師諸局。亞運、奧運組織之署, 及首爾奧林匹克紀念國民體育振興公團, 嘗任職其間, 凡庶務, 人事, 財政, 選手訓練, 競艇之任, 皆嘗歷其任。所知者, 不過夙夜守職, 自勉不怠而已, 未嘗以經世之才自期也。

中年之後, 稍悟浮名無益, 因念曰:「可仕而不可止於仕, 可學而不可止於名」乃收斂外務之繁, 復就學於國立江原大學院行政學科, 講習行政政策之學, 竟得博士學位之名。後又受聘於漢陽之學宮, 爲公共政策之講座, 十五年餘, 與後學講論世務, 間亦自省所學之淺。又曾參與韓國政策學會、韓國行政學會之事, 或爲戰略之副會長, 或爲運營、對外交涉之小任, 惟知分內供職, 不敢自許爲學界一員也。

然愚心所繫, 終在經史。因是叩關於頤齋李大熙教授所主之行政史諸講座, 往來於清溪書堂、成均館翰林院、久敬書塾、海東經史研究會及後外學堂, 隨班聽講, 或問或記, 惟恐所解有差。尤幸得侍寒松成百曉先生之側, 粗窺經書訓點與國譯之法。所讀者有『論語』,『大學·中庸章句詳說』,『古文眞寶』,『論語集註詳說』,『墨子』,『荀子』,『韓非子』,『道德經』,『資治通鑑』,『朝鮮王朝實錄』,『五代十國史』,『黃帝內經素問』諸書焉。今則諸師或歿或病, 講席日稀, 愚常獨坐書案, 晨夕自課, 深知無師之學, 其限至大。

庚申、己亥之間, 與宗戚謀於永川, 復稟諸鄕黨之賢, 遂得依『韓國歷代文集叢書』之一編, 以『遁菴遺稿』名之, 輯成飜譯之本。己亥春, 師事光山金濬講學於泮宮, 愚以六代祖遺稿示之而請弁言。師序中稱「德峯金斯文熙坤示其六代祖遺稿而請弁文」, 愚讀之, 惶悚流汗, 自知學識無幾, 不足當此一語。所幸不過先祖手澤之册, 今得稍出書室, 不至久爲死藏而已。

五十之後, 偶以隨感成章, 作小散文數篇, 附寄於國內刊物, 幸蒙採錄, 人或過與嘉譽, 謂可名之曰 隨筆家, 愚每聞之, 輒自慚笑。繼而試作小說一篇, 題曰『夜間之名』, 又偶作數首小詩, 以「心贈」名之, 聊寄寸心。後來雜誌或以「詩人、小說家、隨筆家」三門並稱, 愚則但知筆拙意淺, 未敢言能。

人或問曰:「子之學, 將何所用? 爲官乎? 爲名乎?」愚對曰:「少壯之時, 固曾以學求一官; 今日之學, 不敢再以名利自累。所願者, 不過略識先祖與先賢文字之面目, 使家藏遺稿不至沈淪; 又望將來後生若有問於斯文者, 猶可指示一二, 不致誤人耳。」

故退而自約曰:「終身不以博士之名自矜, 終身不以文筆之譽自是。所守者, 但在朝夕對經史, 隨分修省, 少減一分浮躁, 多存一分誠敬。若能使洙泗、洛閩之傳, 在此永川一隅及大邱之地, 猶有微燈不滅, 則平生之願足矣。」

於是略敍平生與學文之志如此, 以自識云爾。

癸巳生 有中 金熙坤 謹自述。

이 글은 필자가 고희를 넘긴 무렵, 한문으로 자신의 생애와 학문에 대한 뜻을 스스로 서술한 것입니다. 바라건대 독자 여러분께서는 옛것을 좋아하는 한 사람의 작은 고백으로 보아주시기 바랍니다.

유중(有中)의 자서(自敍)

저는 이름이 희곤(熙坤)이고, 자(字)는 정언(正彦), 호(號)는 현보(賢普), 별호는 유중(有中)이며, 또한 덕봉(德峯)이라 스스로 호를 정한 적도 있습니다. 1953년 계사년(癸巳年) 음력 6월 1일에 대구에서 태어났으나, 본향은 경상북도 영천시입니다.

대대로 유학을 업으로 삼은 집안으로, 고조부 둔암(遁菴) 김만기(金萬基) 공께서는 척암(拓菴) 김도화(金道化) 선생의 학문을 계승하셨고, 당시 영남의 선비들이 명유(名儒)로 추앙하였습니다. 둔암공의 유고는 대대로 가묘(家廟)에 보관되어 왔으며, 이름을 『둔암유고(遁菴遺稿)』라 하였습니다. 그러나 책을 보관하는 사람은 있어도 읽고 이해하는 사람은 드물어서, 저는 책장을 펼칠 때마다 스스로 탄식하곤 하였습니다. "선조의 글이 끝내 아무도 읽지 않는 죽은 종이로 남는다면, 이는 후손의 큰 죄가 아닌가?"

젊은 시절 시대의 격변을 맞아 신학문이 융성하면서, 집안의 학문은 날로 쇠락해 갔습니다. 저는 성품이 본래 우둔한 데다가 생계를 위해 일찍 서재를 떠나, 오랫동안 서울의 여러 기관에서 일하였습니다. 서울아시아경기대회조직위원회와 서울올림픽대회조직위원회, 그리고 서울올림픽기념 국민체육진흥공단에서 재직하였으며, 총무·인사·재정·선수훈련·경정(競艇) 등의 업무를 두루 담당하였습니다. 제가 아는 것이라고는 밤낮으로 직무를 지키며 스스로 게으르지 않으려 힘쓴 것뿐이지, 일찍이 세상을 경영할 만한 재능이 있다고 자부한 적은 없습니다.

중년 이후 점차 부질없는 명성이 무익함을 깨닫고 생각하였습니다. '벼슬을 할 수는 있으나 벼슬에만 그쳐서는 안 되고, 배움을 할 수는 있으나 명성에만 그쳐서는 안 된다.' 이에 바깥일의 번잡함을 거두고 다시 강원대학교 대학원 행정학과에 입학하여 행정·정책학을 공부하였고, 마침내 박사학위를 취득하였습니다. 이후 한양대학교에 초빙되어 공공정책 강좌를 담당하였는데, 15년 남짓 후학들과 세상일을 논하면서 틈틈이 스스로의 학문이 얼마나 천박한지 반성하였습니다. 또한 한국정책학회와 한국행정학회의 일에도 참여하여, 전략 담당 부회장이나 운영·대외교섭 등의 소임을 맡기도 하였으나, 다만 분수에 맞게 맡은 바를 수행할 뿐 감히 학계의 일원으로 자처한 적은 없습니다.

그러나 제 마음이 진정으로 매인 것은 끝내 경서(經書)와 역사서에 있었습니다. 이에 이재(頤齋) 이대희(李大熙) 교수께서 주관하시는 행정사 강좌의 문을 두드리고, 청계서당(淸溪書堂)·성균관 한림원·구경서숙(久敬書塾)·해동경사연구회(海東經史研究會)·후외학당(後外學堂) 등을 오가며 수업에 참여하고, 질문하고 기록하면서 혹시라도 잘못 이해할까 두려워하였습니다. 특히 한송(寒松) 성백효(成百曉) 선생을 모실 수 있었던 것은 크나큰 행운이었습니다. 그 덕분에 경서의 훈점(訓點)과 국역(國譯)의 방법을 대략이나마 엿볼 수 있었습니다.

당시 읽은 책으로는 『논어(論語)』, 『대학·중용장구상설(大學·中庸章句詳說)』, 『고문진보(古文眞寶)』, 『논어집주상설(論語集註詳說)』, 『묵자(墨子)』, 『순자(荀子)』, 『한비자(韓非子)』, 『도덕경(道德經)』, 『자치통감(資治通鑑)』, 『조선왕조실록(朝鮮王朝實錄)』, 『오대십국사(五代十國史)』, 『황제내경소문(黃帝內經素問)』 등이 있습니다.

지금은 여러 스승들께서 돌아가시거나 병환으로 자리를 비우시어 강좌가 날로 줄어들었습니다. 저는 자주 혼자 책상에 앉아 아침저녁으로 스스로를 가르치며 공부할 따름인데, 스승 없는 학문에는 그 한계가 매우 큼을 깊이 알고 있습니다.

2016년과 2019년 사이에 영천에서 종친들과 의논하고, 다시 고향의 어른들께 여쭈어 승낙을 받아, 『한국역대문집총서(韓國歷代文集叢書)』의 한 편을 본떠 『둔암유고』라 이름하여 번역본으로 엮어 냈습니다. 2019년 봄, 광산(光山) 김준(金濬) 선생께서 성균관에서 강학하실 때 6대조의 유고를 보여 드리고 서문을 청하였습니다. 선생의 서문에 "덕봉(德峯) 김사문(金斯文) 희곤이 그 6대조의 유고를 보여 주며 서문을 청하였다."라고 쓰여 있는 것을 읽고, 저는 황송하여 땀을 흘리며 스스로 학식이 부족하여 감히 이 한 구절을 받을 자격이 없음을 알았습니다. 다행인 것은 선조께서 손수 쓰신 책이 이제라도 서재 밖으로 조금 나와, 오래도록 사장(死藏)되지 않게 된 것뿐입니다.

50세 이후 가끔 떠오르는 감회를 글로 엮어 짧은 산문 몇 편을 국내 간행물에 보냈는데, 다행히 채택되어 사람들이 지나치게 칭찬하며 수필가라 부르기도 하였으나, 저는 그 말을 들을 때마다 스스로 부끄러워 웃을 뿐이었습니다. 이어서 시험 삼아 소설 한 편을 써서 제목을 『야간의 이름(夜間之名)』이라 하였고, 또 작은 시 몇 수를 지어 '당신께 드리는 마음(心贈)'이라 이름하여 마음 한 조각을 붙여 보냈습니다. 후에 어떤 잡지에서는 "시인, 소설가, 수필가" 세 칭호를 함께 붙여 부르기도 하였으나, 저는 다만 붓이 서툴고 뜻이 천박할 뿐이라 여기며 감히 잘한다고는 말하지 못합니다.

사람들이 묻습니다. "그대의 학문은 장차 무엇에 쓰려는가, 벼슬을 하기 위함인가, 명성을 얻기 위함인가?" 저는 이렇게 대답합니다. "젊은 시절에는 진실로 학문으로 벼슬 하나를 구하고자 한 적이 있습니다. 그러나 오늘의 학문으로는 다시는 감히 명리(名利)로 스스로를 얽매지 않으려 합니다. 제가 바라는 것은 선조와 선현의 문자를 대략이나마 알아보아, 집안에 전해 내려온 유고가 침

몰하지 않게 하는 것입니다. 또한 훗날 후학 중에 만약 이 학문에 대해 묻는 이가 있다면, 한두 가지라도 가리켜 줄 수 있어 사람을 그르치지 않기를 바랄 뿐입니다."

그러므로 물러나 스스로 약속하였습니다. "평생토록 박사의 이름으로 자랑하지 말 것이며, 평생토록 문필(文筆)의 명성으로 스스로 옳다 여기지 말 것이다. 제가 지켜야 할 것은 다만 아침저녁으로 경서와 역사서를 대하며, 분수에 맞게 수양하고 반성하되, 경박함을 한 걸음 덜어내고 성실과 공경을 한 걸음 더하는 데 있을 뿐이다. 만약 공자의 가르침과 북송·남송 성리학의 전통이 이 영천 한 모퉁이와 대구 땅에서라도 작은 등불이 되어 꺼지지 않는다면, 평생의 소원은 족할 것이다."

이에 평생의 자취와 학문의 뜻을 대략 이와 같

이 서술하여 스스로를 기록하노라.

계사년생(癸巳年生) 유중(有中) 김희곤(金熙坤)

삼가 자서함.

참고문헌

기세춘. 『논어강의』. 서울: 바이북스, 2007.
김영민. 『중국정치사상사』. 서울: 사회평론 아카데미, 2021.
김희곤. 『논어간해』. 서울: ㈜아이에스, 2022.
맹가. (부남철 역주) 『맹자』. 서울: 태학사, 2019.
복희씨 외. (최영진 편저) 『원전으로 읽는 주역』. 서울: 민족문화연구, 1997.
손세제. 『논어의 성립』. 서울: 도서출판 문사철, 2013.
성백효. 『세한의 마음』. 서울: 고반, 2024.
성백효. 『우리 선조들의 지혜』. 서울: 고반, 2025.
성백효. 『한문 공부와 번역 이야기』. 서울: 고반, 2025.
신승하. 『중국사학사』. 서울: 고려대학교출판부, 2017.
양선규. 『내 손안의 주역』. 서울: 도서출판 강, 2023.
이대희. 『문화와 인류』. 서울: ACRIS, 2022.
이이. (김영환 역) 『격몽요결』. 서울: 온샘, 2025.
이수태. 『공자의 발견』. 서울: 바오출판사, 2015.
정수덕. 『논어집석』. 北京: 中華書局, 2000.
정성호. 『한국행정과 공자의 욕망』. 서울: 커뮤니케이션북스, 2021.
조기빈. (조남호·신정근 옮김) 『반논어』. 서울: 예문서원, 1996.
주희. (성백효 역주) 『논어집주』. 서울: 전통문화연구회, 2014.
박문호. (성백효 역) 『논어집주상설』. 서울: 다운샘, 2020.
박문호. (성백효 역) 『대학·중용장구상설』. 서울: 다운샘, 2020.
박삼수. 『논어읽기』. 서울: 세창미디어, 2013.
박삼수. 『공자와 논어, 얼마나 바르게 알고 있는가?』. 서울: 지혜의 바다, 2019.
장주. (박일봉 역저) 『장자』. 서울: 육문사, 1990.
리링. (황종원 옮김) 『논어 세 번 찢다』. 서울: 글항아리, 2018.
유월. (이강재·김효신 역주) 『논어평의』. 서울: 학고방, 2006.
위잉스. (황종원 옮김) 『주희의 역사세계』. 상·하. 서울: 글항아리, 2022.
이담. (김윤세 역해) 『자연치유에 몸을 맡겨라』. 서울: 조선뉴스프레스, 2021.
전호근. 『한국철학사』. 서울: 메멘토, 2021.
한비. (김현주 외 역) 『한비자』. 서울: 한국외국어대학교 지식출판원, 2016.
한호현, 서재현 공저. 『디지털인문학 담론과 강의』. 서울: 진한엠앤비, 2023.
함재봉. 『한국 사람 만들기』. 전 5권, 서울: H 프레스, 2025.
김서현. 「'퇴계 이황' 위패 불태운 후손들‥'유림 갈등 끝내려고'」. MBC 뉴스, 2021년 10월 1일, 21:14 보도.

Lau, D. C. (역주). Confucius: The Analects. 홍콩: Chinese University Press, 1979.

Slingerland, Edward. Analects of Confucius: With Selections from Traditional Commentaries. Indianapolis: Hackett Publishing Company, 2003.

Waley, Arthur (역주). The Analects of Confucius. 뉴욕: Alfred A. Knopf, 2000.

Legge, James (역주). Confucian Analects, The Great Learning, and The Doctrine of the Mean. 옥스퍼드: Clarendon Press, 1893.

Watson, Burton (역주). The Analects of Confucius. 뉴욕: Columbia University Press, 2007.

김희곤(金熙坤)

1953년 대구 출생. 행정학 박사, 시인, 소설가, 수필가, 문학평론가.

한양대학교에서 행정학 학사, 연세대학교에서 도시행정학 석사, 강원대학교에서 행정학 박사 학위를 취득했으며, 미국 텍사스 주립대학교 경영대학원(엘파소) 및 서울대학교 행정대학원에서 수학했다.
국립 강원대학교와 한양대학교에서 행정학을 강의했으며, 2021년 한국정책학회 전략부회장과 한국행정학회 운영이사를 역임했다. 국가공무원 출제위원과 서울대학교 『행정논총』 논문심사위원을 지냈다.
한국학중앙연구원 청계서당과 성균관 한림원에서 사서와 오경을 수학했으며, 남고(南皐) 노홍두, 중관(中觀) 최권흥, 한송(寒松) 성백효 선생님 등 당대 석학들의 문하에서 『논어』, 『주역』, 『순자』, 『한비자』, 『도덕경』, 『근사록』 등 동양 고전을 사사했다. 2020년 6월부터 2022년 6월까지 한국행정학회 회원을 대상으로 『논어』를 강독하였다.
저서로 수상집 『여정의 끝자락은 소리 없는 바람이었다』, 번역서 『논어간해』가 있으며, '『순자』의 「군도」편을 중심으로 본 공공리더십' 외 다수의 논문을 발표했다.

고전에서 길을 찾다

초판1쇄 인쇄 2026년 1월 20일
초판1쇄 발행 2026년 1월 30일

지은이 김희곤
펴낸이 이대현
편집 이태곤 권분옥 임애정 강윤경
디자인 안혜진 최선주 김다윤
마케팅 박태훈

펴낸곳 도서출판 역락
출판등록 1999년 4월 19일 제303-2002-000014호
주소 서울시 서초구 동광로 46길 6-6 문창빌딩 2층 (우06589)
전화 02-3409-2060
팩스 02-3409-2059
홈페이지 www.youkrackbooks.com
이메일 youkrack@hanmail.net

ISBN 979-11-7396-439-8 03810

정가는 뒤표지에 있습니다.